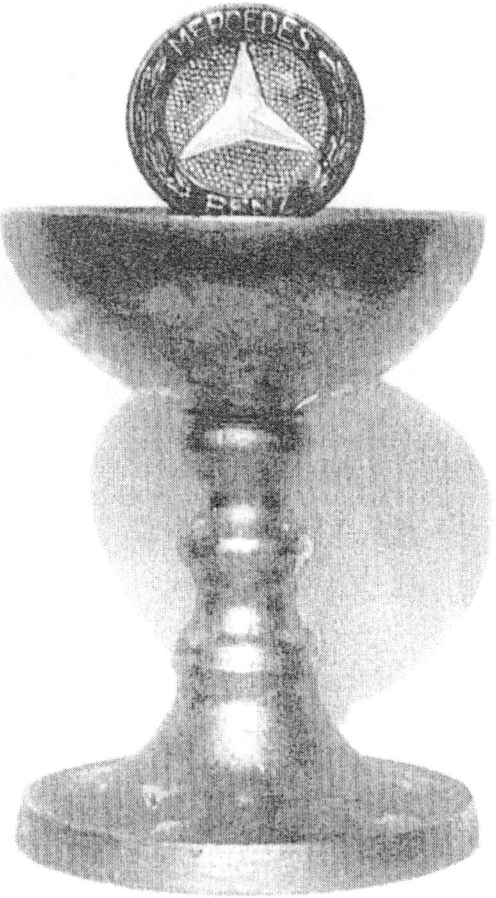

Christian Mitterecker • Jenseits von Kufstein

SYLLABUS
SyllabusVerlag Hanau

Das Buch

Die Texte und Lyrik wurden zuvor vom Autor in Lesungen vorgetragen, waren Bestandteil künstlerischer Arbeiten und Aktionen in Museen und auf Bühnen oder wurden seiner Radiosendung *Der Quotenösterreicher* entnommen. Im vorliegenden Buch sind sie nun erstmalig in einer Auswahl zusammengefaßt und können als geographischer und literarischer Grenzübertritt gelten. Mit spöttisch-liebevollem Blick werden deutsche Wesens- und Eigenarten ebenso skizziert wie die vom Tourismus abhängigen Marotten der eigenen Landsleute. Scheinbar unverfängliche Themen wie der deutsche Vorgarten oder die Nato-Osterweiterung werden zu beißenden Spiegelungen gesellschaftlicher Verhältnisse. Mit zynischer Offenheit werden dem Leser Verhaltensmaßregeln für den Umgang mit deutschen Touristen an die Hand gegeben und Anziehendes, Verlockendes, von der deutschen Touristin bis hin zur Russenhure, mit sezierenden Worten nahegebracht.
Abhandlungen über Ketzertum, Bäume und Farbensymbolik ergänzen die Sammlung und schließen mit ungewöhnlichen Betrachtungen zum schönen Tod. Die Textsammlung ist nicht mahnender Zeigefinger, wohl aber ein Appell wider die zunehmende Verblendung durch übermäßigen Mediengenuß sowie gegen den Konsum als Religionsersatz.

Der Autor

Christian Mitterecker wurde im Jänner 1958 in Seebenstein in der österreichischen Waldmark geboren und meldete sich mit 17 Jahren zu den Gebirgsjägern nach Kufstein. Nach Beendigung des Militärdienstes lebte er als Holzbildhauer in Going am Wilden Kaiser.
In dieser Zeit erste Kontakte zur größten westösterreichischen Kulturinitiative, der Kufsteiner Gruppe Wühlmäuse. 1978 erste Publikationen im WC-Jodler. Ab 1978 Organisationsleiter und Obmann der Gruppe Wühlmäuse sowie verantwortlicher Redaktionsleiter. Zahlreiche Veröffentlichungen. 1982 die erste Lesung im Europahaus im Zillertal.
Seit 1991 lebt er in Münster/Westfalen.

CHRISTIAN MITTERECKER

JENSEITS VON KUFSTEIN

Heugeflüster
Litaneien
Sprachgesänge

Redigierte und erweiterte Fassung der 1999 vom Sandsteinmuseum
Havixbeck herausgegebenen Texte zur Ausstellung
Jenseits von Kufstein.

Mai 2oo1
© 2oo1 Syllabus Verlag
Borngasse 9, D-63457 Hanau

Alle Rechte, einschließlich der auszugsweisen Wiedergabe
sowie der Speicherung auf Datenträger, vorbehalten.

Photomechanische Bearbeitung und Computersatz:
Antonio Dos Reïs
Rainer Sporkmann
Christian Rogge

Umschlaggestaltung: C. Mitterecker
Münster

Herstellung: Books on Demand GmbH

Gedruckt in Deutschland · ISBN 3-935869-04-5

Inhalt

Jenseits von Kufstein 9
Der Deutsche Vorgarten 11
Die Alu- und Frischhaltefolie 15
Beton & Asphalt 2o
fuck and shop in germany 24
Deutsche Hymne 26
Litanei von der Deutschen Hoffnung 29
Litanei von Jenseits von Kufstein 33

Tirol 41
Verhaltensmaßregeln für den Umgang mit Touristen 43
Ratschläge für den Umgang mit deutschen Touristinnen 52
Schilehrers vielseitig verwendbarer Wortschatz 56
Rede des Schilehrers an den Tellerwäscher Korban 57
Im Dorf 58
Josef Höller 59
Kuhglocken auf 3sat 66
Neun Jahre 67

Heugeschichten 69
Elke aus Köln 71
Drapierte Hingabe 72
Schau, Mädchen; Mag sein 74
Lag eine Frau am Waldsee mir 76
Recklinghausener Schöne 78
Tiaf im Koasaboch 79
Sieglinde 83
Viola Saxa 84

Millenium 87
Alzheimer 89
s´Genzüchtaliad 92
Vorösterliche Litanei vom Christkindtöten 94
Osterfeuer 97
Römische Litanei 98

German Michl & Tyrolian Joe 1o9
We love You all   111
Die Nato-Osterweiterung   112
Die Russenhure Natascha M.   114
Lady im Séparée   116
Fettfeig in Mombasa   117
Somaliahure im Kenyaland   119
Mond über Afrika   12o

Drei Gesänge vom Blut   123
Die kleine Hannah   125
Der Lego-Ritter   128
Deutsche Blutarmut & österreichischer Lungenstrudel   13o

Litanei vom Muttertag   137

Zwei Könige und ein Steinbock   141
Ein kleiner König   143
Litanei vom Erdenkind   147

Sieben Miszellen   153
Rot, Weiß und Schwarz   155
Der Ketzer   16o
Polarität   162
Über sieben Bäume   165
1, 2, 3, 4, 5, 6, 7 Symbolzahlen   174

Vom schönen Tod   177
Der weiße Leopardentod   179
Die Wiesen des Königs   18o
Hanastein   183
Anna Nette   185
Das Lied vom Embryo-Stier   19o
Zeit für Liebe   192
Schattnacht   193

Nachwort über das Widmen und Danken   195
Literaturhinweise   2o1
Abbildungsverzeichnis   2o5

JENSEITS VON KUFSTEIN

Der Deutsche Vorgarten

Österreicher reden gerne über den Tod, Italiener leben mit ihm und Franzosen filmen ihn.
Die deutschen Bürger lächeln über solche Morbidität, aber: Seine Vorgärten sind **eine Hommage an das geordnete Reihengrab**.

Unabhängig davon, welcher Wählerschicht, Berufsgruppe oder Einkommensklasse der deutsche Bürger angehört, er liebt, ob Jung, ob Alt, er liebt die Natur. Kaum zu glauben, wenn man mit offenen Augen durch dies Land fährt, kaum zu glauben ist, – er liebt die unberührte Natur.

Am allerliebsten auf Mallorca oder in Dänemark.
Die Mallorca-Unberührtenaturliebhaber sind sehr gerne Mercedes- oder BMW-Besitzer, lassen diesen in der abgeschlossenen Garage und fliegen mit der Lufthansa.
Auf Mallorca haben sie kein Haus, sondern eine Finca.
Alle Häuser auf Mallorca, die Deutschen gehören, sind Fincas. Auch solche, die keine sind.
Fincabesitzer haben in ihrer Geldbörse außer dem üblichen Ehefrauphoto auch eine Abbildung ihrer Finca.
Für etwaige Kinderphotos wäre zwar Platz vorhanden, doch läßt die intensive Betreibung der Geschäfte, welche die zum Kauf einer Finca nötigen Geldmittel beschaffen, die Erzeugung und Pflege von Sprößlingen nicht zu.
Deshalb lieben sie ihre Dackel.
Dänemark-Unberührtenaturliebhaber sind ausgesprochene Kombiliebhaber. VW-Passat, Golf Variant, Toyota alle Marken und alte Nissan-Bluebird.

In Dänemark heißen die Fincas Ferienhäuser. Diese sind nie zu kaufen, da der Verkauf dänischer Häuser an Ausländer untersagt ist.
Dies hat mit der légèren, lockeren Liberalität der Dänen zu tun, die genauso locker liberal ist wie die der Niederländer.
Sie lieben die deutsche Härte nicht, werden aber selbst ziemlich schnell hart, unlocker und unliberal, wenn man *ihre* Liberalität in Frage stellt.

Im deutschen Vorgarten steht keine Eiche.
Diese hat Blätter, was im Herbst Dreck macht, und wird zu groß. Im deutschen Vorgarten steht eine Atlaszeder.
Ausschließlich die Blaunadelnde.
Sie macht keinen Dreck, weil sie Nadeln hat, wird aber auch zu groß. Hat sie die Höhe von 4,36 m erreicht, wird ihr der Wipfel abgeschnitten.
Natürlich von einer Fachkraft. Deutsche Gartenbesitzer lieben deutsche Fachkräfte.
Die Atlaszeder ohne Wipfel sieht blöd aus.
Dies stört aber niemanden.

Der deutsche Vorgarten sieht sehr lebendig aus.
Links steht ein Blattbaum. Hauptsächlich eine Magnolie.
Die Magnolie ist sehr schön.
Leider macht sie im Herbst auch Dreck.
Rechts steht die Atlaszeder.
Immer,
wirklich immer, steht die Atlaszeder zu nahe am Haus.
Deshalb schneidet eine Fachkraft die ausladenden unteren Äste ab.
Anders als die meisten Bäume behielte die Atlaszeder ihre untersten Äste bis ins hohe Alter. Kinder könnten

mühelos hinaufklettern. Über die abgeschnitten Äste ist die deutsche Mutter deshalb sehr froh.

Zwischen der Zeder und der Magnolie wird der Boden von Bodenbedeckern bedeckt.

Hausbesitzer der Nachkriegsgeneration bevorzugen die komplette Efeubeflächung.

Sauber und schön.

Eine Rose steht einsam im Efeu. Rosafarben.

Hausbesitzer der Ikeageneration sind dem Rindenmulch, der Raspelborke, zugetan.

Biologisch, braun, sauber, schön, ohne Rose.

Kolonien von Koniferen bilden die Grenze zum Nachbarn.

Jüngere Hausbesitzer neigen zu Hecken aus buchenartigen Gewächsen.

In Reih und Glied, ausschließlich aus einer Sorte und stets brav beschnitten, in Form gebracht.

Die deutsche Hecke, ...ist nicht kleinzukriegen.

Dagegen war die innerdeutsche Mauer eine schnell vergängliche Angelegenheit.

Wie der deutsche Vorgarten sehen in anderen Ländern nur Friedhöfe aus.

In Österreich sehen sogar die Friedhöfe natürlicher aus.

In Italien sehen nur Kriegerdenkmale wie deutsche Vorgärten aus.

Ich habe gehört, es gäbe sogar Länder, in welchen ein vergleichbares Wort in der Heimatsprache fehlt.

Dort kann man sich so etwas wie den deutschen Vorgarten einfach nicht vorstellen.

Eine Aufgabe für das Goethe-Institut.

Hinter dem Vorgarten kommt kein Hintergarten, sondern *der* Garten.
Der Garten besteht aus Wiese. Das Vorhandensein von Blumen auf der Wiese ist nicht vorgesehen. Diese stehen ausschließlich an ihrem Rand, mit hübschen Steinen begrenzt.
Auf der Wiese steht eine weiße Gartenlaube aus Nylonfolie.
Gesamtdeutsch einheitlich weiß.
In Bayern blau-weiß.
Satellitenaufnahmen haben bewiesen, daß Deutschland mehr weiße Nylongartenlauben hat als Blumenwiesen.

Manchmal liegt im Garten ein Teich.
Der Teich heißt Biotop.
Die deutsche Eiche heißt Atlaszeder.
Alles ist Bio-Logisch.
Manches Bio-Chemie.
Der Deutsche Staat Bio-trop.*

Das Wort βιος kommt aus dem Griechischen und bedeutet „Leben".

Weil alle deutschen Bürger so bio sind und ihre deutschen Vorgärten und Gärten so lieben, fahren sie
so oft es geht nach Mallorca oder Dänemark.

Dort ist zwar nichts bio, aber alles noch sooo natürlich.

*(auf Lebewesen bestimmend einwirkend)

Die Alu- und Frischhaltefolie

Als Österreicher, wenn man nach Deutschland kommt, da glaubt man, sie lieben alle ihre deutschen Eichen, aber das ist ein Vorurteil, das ist oberflächlich.
In Wirklichkeit lieben sie ihre Folie.
Die durchsichtige Frischhaltefolie, die Aluminiumfolie.
Außer in Bayern. Da sind blau-weiße Rauten aufgedruckt.

Doch Obacht: Wo Bayernrauten aufgedruckt wurden, ist selten Bayern drin! Die Rauten sind ein hypnotisierendes augenverwirrendes Ablenkungsmanöver vom Preis. Der unbedarfte preußische Tourist wird von diesen Rauten magisch angezogen und bezahlt überteuert, ohne zu überlegen.
Bayerische rautenbedruckte Produkte sind teurer als unbedruckte und oft von schlechter Qualität. Wer dies nicht leicht glauben mag, der möge Buttermilch der *Firma Weihenstefan* zu sich nehmen. Diese ist auch mit der besonderen Weihe und trotz Fürbitte des Heiligen Stefan nur als geschmackliche Vorstufe der ewigen Verdammnis zu verstehen.
Echte Bayern kaufen deshalb nur Rautenloses.

Wenn du im übrigen Deutschland eine Wurscht oder einen Schinken kaufst, kannst du sie auch in einzelnen Radln kaufen. Im Geschäft mußt du zu den Radln aber Scheiben sagen, sonst verstehn´s dich ned, – und am besten, du bestellst alles in dkg, dann sagt die Verkäuferin nämlich: „Wie bitte?". Und du sagst: „A Entschuldigung, bei uns wird alles in dkg ausgewogen". Jetzt fragt die Verkäuferin natürlich, ob du aus Bayern kommst, und du sagst, nein, ich komme aus Österreich. „Oh – Österreich", sagt sie erfreut und kriegt ganz sinnliche Augen. Alle schönen Erlebnisse des letzten Österreichurlaubs werden auf dich projiziert, und angenehmerweise wiegt sie die Wurst nun zu deinen Gunsten.

Leider sind heutzutage die Verkäuferinnen meistens aus Polen oder Rußland, und die erkennen leider unseren Dialekt nicht als österreichisch. Also sind wir da leider nix Besonderes.

Du kaufst also ein Radl Bierschinken, drei Scheiben Schwarzwälder und 1oo g von: „Den-haben-wir-heute-im-Angebot-Schinken".
Die Deutschrussin nimmt eine Zange und legt jedes Blatt einzeln auf ihre Hand, auf welcher eine durchsichtige Folie liegt. Damit geht sie dann zur Waage, auf der bereits eine papierbeschichtete Folie mit einem Werbeaufdruck liegt. Dann wiegt sie.
Die eine Scheibe, die sie zuviel genommen hat - und sie nimmt immer genau eine Scheibe zuviel - legt sie mit der Zange wieder zurück.

Das mit der Zange, davor ekelt mir immer.
Würd´ sie die Wurscht mit ihren Fingern nehmen, wär´s mir gleich, aber grad´weil´s mit dieser Zange ankommt, krieg´ ich das Gefühl, es handle sich um etwas Ekliges, was man nicht in seine Finger nimmt. Mutters Erziehungssätze kommen da zum Einsatz: Laß das liegen! Greif das nicht an! Pfui, wasch dir sofort die Hände!
Wenn´d dann alles zusammen hast, werden die einzelnen

Folienpakete in ein Papiersackerl, also eine Papiertüte gegeben. Auf der Tüte immer auch eine Werbung. Meist die Graphik eines Bauernhofes mit ein paar Schweinchen. Darunter der Text: „Rindfleisch aus deutschen Landen", oder „Frisch von Ihrem Metzger".

Seit BSE ist dies eine Art Beschwörungsformel des teutonischen Urvertrauens an die Obrigkeit. Sie glauben, wenn sie bei „ihrem" Metzger kaufen, sind sie geschützt. Aber das ist, als wenn du mit der Nachbarin ohne Präservativ schlafen würdest, und meintest, du wärst gegen AIDS geschützt, nur weil du sie schon lange als Nachbarin kennst. Aber sie glauben halt gern, die Deutschen.
Früher glaubten sie dem Barschel sein Ehrenwort und später der Deutschen Metzgervereinigung. Noch später glaubten sie dem Kohl, weil sie annahmen, wo viel Fett ist, sei viel Gemütlichkeit und Gemüt und solcherart kein Platz für Betrug. Na ja, und jetzt wissen sie gar nicht mehr, was sie glauben sollen. Und wenn sie nix haben, an das sie glauben können, dann glaub´ns halt lieber einen Blödsinn.
Das ist genau der Grund, weshalb so viel Wichtigkeit und Macht von Deutschland ausgeht. Ned weil´s böser wär´n oder gewalttätiger als andere, sondern weil´s so gern glauben und weil´s immer woll´n, daß man sie beachtet und mag. Das ist wie beim Onkel Franz und der Monika.
Wenn der Onkel Franz von der Arbeit heimgekommen ist, wollt´ er immer sei Ruh. Die Monika wollt natürlich glei mit ian Papa spielen. Er wollt aber ned.
Sie hat eam aber keine Ruh geben und eam partou so lang segiert, bis a Watsch´n g´kriegt hat.
So hat sie doch immer ia Aufmerksamkeit kriegt, und der Onkel Franz hat immer gesagt, die Monika bettelt um a

Watsch´n. Aber in Wirklichkeit hat die Monika nur um Aufmerksamkeit `bettelt.
So ist es auch mit Deutschland. Hauptsache es kriegt seine Aufmerksamkeit.

Wo war i stehengeblieben?
Ach ja, die Folie – kauf auf keinen Fall eine Schinkenwurst in Vakuumverpackung. Wenn´d die aufschneidst, da kommt ein Wasser raus, wie eine Leichenflüssigkeit, wie so ein Embryo in Spiritus. Laß das besser.

In der Käsabteilung kaufst an Gouda und ein paar gefüllte Käs´. Seitdem es hier fast nur mehr milchverarbeitende Betriebe und fast keine kleinen Molkereien mehr gibt, schmeckt der Käs´ immer schlechter. Damit das ned auffällt, gebens alles mögliche rein. Nüsse, gehackt oder im Stück, Pfefferkörner in grün oder gemahlen, sowohl drinnen als auch obendrauf, – und Sachen, die ich nicht einmal kenne.
Das packen´s dir wieder alles einzeln in Folie.
Dann ein Wegwerfrasierer, Äpfeln, eingeschweißt, gibt´s auch, einen Eisbergsalat, immer eingeschweißt, Erdbeeren im Plastikkörbchen mit sauberer Folienabdeckung und sogar die Folienrollen selbst sind durchsichtig eingeschweißt. Konsequent!
Zu Hause packst alles aus und gibst die Folie in den Wertstoffsack, den gelben, der auch aus Kunststoff ist.
Ein geschlossener Kreislauf.
Wieso der Verpackungskünstler Christo den deutschen Reichstag mit Stoff und nicht mit Folie verhüllt hat, ist mir ein Rätsel. Da hat er sich zuwenig vorbereitet.
Zu Hause, nach dem ersten Essen, kommt was ganz Un-

verständliches. Wenn sie nämlich die einzelnen Schinken ausgepackt und serviert haben, dann kommen die übriggebliebenen nicht wieder in die Klarsichtfolie, sondern werden diesmal in Alufolie verpackt. Allerdings nicht immer und nicht alles. Käse zum Beispiel bleibt immer in derselben Folie. Wann Alu und wann die durchsichtige, das hab ich noch nicht durchschaut.

Eines ahne ich: Der Aidsvirus wurde von der deutschen PVC-, Plastik- und Kunststoffindustrie bewußt eingeschleppt.
Jetzt dürfen sie nicht nur – nein, jetzt müssen sie sogar – ihren Pimmel in Folie packen!

Denn so sind sie, die Deutschen.
Solange sie etwas dürfen, möchten sie nicht,
erst wenn sie etwas müssen, dann wollen sie es!

Außer in Bayern. Dort hat der Geschlechtsverkehr noch religiöse Kultur. Dort führt das präservativlose One-night-stand-Gestoße direkt zum sinnigen Stoßseufzer: „Herr, laß den Kelch und die Aidsberatung an mir vorübergehen!"

Irgendwann wird es auch Präservative aus Alufolie geben.
Selbstverständlich mit EU-richtliniertem Bananengeschmack.
Außer wiederum in Bayern. Dort arbeitet man an einem Biopräser aus Natursaitling. Mit Weißwurstgeschmack. Zum Auszuzzeln.

BETON & ASPHALT
oder: Kopfsteinplasterstaccato

[Allegro (lebendig bewegt)]
Den Autos, dem Lärm, den Stimmen entkommen,
Gedanken weg von Bankverschuldungen, Steuerberatungen, Kundengesprächigungen, Arschkriecherei, auf Österreicher machen, auf Wiener Charme machen, auf Tiroler Bergbauer, weg damit, weg und in den Wald, wo ich nicht seh´, daß keine Berg sind, wo ich nicht hör´, daß ich keine Kuhglocken hör´, nur ein paar Amseln im Wind.

In der Ferne ein Traktor, ein Ungetüm, ein Riese, ackert staubigen grauen ausgelaugten Boden, kommt immer näher, fühl´ mich immer kleiner, von hinten, ein Jogger, in Blau-Lila-Gelb, zum Fürchten die Farben, hechel hechel hechel, grüßen kann er nicht und rennt weiter, mit meiner Ruhe ist es vorbei, kommen Radfahrer, überall Radfahrer, und dann Wald.
Münsterländer Wald, ein paar Stieleichen, ein paar Sandbirken, ein paar Erlen und ein asphaltierter Waldweg.
Ein **asphaltierter** Waldweg!

dieses land wird eine betonpiste
die neuen deutschen traktorenpanzer rollen über das land
diesmal das eigene
gatsch, gatsch, gatsch,
letzte regenwürmer führen einen aussichtslosen kampf gegen traktorenreifen generalfeldmarschall paulus sechste armee stalingrad panzer rollen rollen heeremann freiherr von traktorenrollen deutschland ... armer regenwurm ...

bleibt was denn? bleiben langweilige rapsfelder horizont-
mäßig vollgelb guck mal wie schön das aussieht mach´
doch mal ein photo alles so schön gleichmäßig vollgelb ist
daaas nicht schön
schöööön postkartenmotivgeeignet umsatzsteigernd post-
kartenindustrie arbeitsplatzbeschaff schaff schaff
maisfelder langweilige genverzüchtete kolbengewächse.

-----[**Larghetto (etwas getragen)**]---------------------------

Was hab ich erwartet
von einem Volk,
das seinen Kühen die Hörner
abschneidet
und sagt,
Milch sei gesund.

Asphaltieren den Waldweg
und schämen sich nicht.
Wenn sie
mit Asphalt und Beton
genug Geld verdient
haben, kaufen
sie sich Häuser auf Mallorca.

------[**Allegro**]---

Schön ist es dort. Noch unberührt.
Dafür haben sie Augen, die Deutschen.
Schön ist es dort noch und unberührt.

Und weil sie es gerne noch schöner hätten und ordentlicher, asphaltieren sie dann auf Mallorca die Straßen.
Ein paar Ampeln mehr wären auch recht, dann muß man nicht so nachdenken und aufpassen, im Urlaub, beim Über-die-Straße-Gehen, zum Kiosk, zum Bierholen.
Weiße Straßenbegrenzungslinien, gelbe Striche, Verbotsschilder – nie mehr nachdenken müssen im Urlaub –
fast
wie zu Hause.

Ein deutsches Bier vom Kiosk, – gibt`s keines, fahren sie zum Supermarkt. Super, Super, Super, der Kiosk ist für die Einheimischen zu teuer geworden. Ph, teuer, sagt ein Deutscher; der Kiosk ist für die Deutschen zu klein geworden im Angebot.
Der Kiosk hat zugesperrt werden müssen.
Die Ampel mit dem Warnblink „Achtung Fußgänger" bleibt. Blink, blink.
So ein Supermarkt
ist sauberer, viel sauberer, viel geordneter, viel vieliger.
Vor dem Supermarkt wird eine Blinklichtampel errichtet und Parkschilder und Parkverbotsschilder und ein Hinweisschild zum nächsten gemütlichen Geheimtip.

Jetzt wissen wieder alle, wo`s langgeht.
Nie mehr denken müssen im Urlaub.
Nie mehr denken müssen.
Ampelschildhinweis, Darfnichtsoll, Mußgebot,
sauberer Supermarkt,
Sauberkeit,
Super-so-sauber,
Sauber, so super!

Und sauber, das sind sie, die deutschen Auslands-Geld-Anleger.

Und wenn, und wenn sie es dann sauber umgebracht haben, das Land Mallorca, dann ziehen sie weiter; die neue Wehrmacht des Besitzertums.

Die deutschen Landser der Steuerfreiheit.

Irgendwo gibt es sicher noch ein unberührtes Fleckerl Erde.

Aber:

Den Waldweg hätten´s trotzdem ned asphaltieren müssen!

fuck and shop
in germany

Beim Bäcker um die Ecke,
da gibt´s auch Milch und Wurst
und eine Theke voll Kaffee.
Beim Bäcker um die Ecke.

In der Metzgerei um die Ecke,
gegenüber dem anderen Eck,
da gibt´s dafür Brötchen
und Kartoffelsalat
mit Gurken.

Und in der Tankstelle gibt es das alles plus Zeitungen und
Zeitschriften.
Eingeschweißt
die Brötchen
und die Magazine mit Siliconweibern.

Im Cinemacenter,
zwischen der Warsteinerwerbung und
der Clausthalerwerbung,
ein gefälliges Schoellereis, bevor das Popcorn ins Maul
gestopft
wird.

Im Museum,
vor und nach
Pieter Brueghel und Picasso,
Kaffeetassen, Tragetaschen und Kugelschreiber.

Im Buchgeschäft liegen CDs
im CD-Shop liegen Bücher;
und alles zusammen gibt´s in der Tanke.
Blumen und Eßwaren, Tabakwaren,
Clausthaler und Warsteiner und O-Saft und A-Saft,
Spielzeuge, Feuerzeuge,
H-Milch und Benzin.
Alles, was es gibt im Lande,
in der Tanke.

Nur im Puff
kann man nur käufliche Liebe kaufen;
und nicht mal die.

Lasset uns,
oh Volk der Umsatzsteigerungen,
oooh lasset uns doch
den kleinen Tante-Emmaladen wieder einführen.
Im Puff,
bevor wir
bei Emma ihn dann einführen,
könnten wir,
es wär´ doch nicht zuviel verlangt,
Einkäufe erledigen.

Zwischen dem schnellen Fick
mal an Muttern zuhause gedacht.
Das
wär´ doch was für das Gewissen;
falls vorhanden.

fuck...and....shop, ich bin dabei.

DEUTSCHE HYMNE
Ein Textvorschlag

Die Melodie der deutschen Hymne stammt vom österreichischen Komponisten Josef Haydn und wurde bis 1918 als österreichische Kaiserhymne gesungen: *„Gott erhalte, Gott beschütze, unsern Kaiser, unser Land! Mächtig durch des Glaubens Stütze führ´ Er uns mit weiser Hand! Laßt uns Seiner Väter Krone schirmen wider jeden Feind; Innig bleibt mit Habsburgs Throne Österreichs Geschick vereint".*

Nach der Teilung des deutschen Staatsgebietes wurde das Absingen der ersten beiden Strophen verboten. Die Melodie blieb. Deutsche sollten also zwar weiterhin ihr Heimatland lieben; aber nicht *über alles*. Eine ähnliche, wenn auch verständliche Verfemung ist auch bei der deutschen Flagge zu erkennen. Anders als zum Beispiel der dänische Danebrog, welcher auch noch das abgelegenste Ferienhäuschen ziert, oder auch des österreichischen Rot-Weiß-Rot, das vom Tourismuslogo bis zum Käseeinwickelpapier auf jedem österreichischen Produkt zu finden ist, trägt und zeigt der deutsche Staatsbürger seine Farben nur ungern. Dies resultiert – nachvollziehbar – aus den deutschen Kriegs- und Friedensverbrechen im III. Reich. Nationalen Gruppierungen und rechten Parteien bleibt es leider vorbehalten, die Farben mit Stolz – wenn auch mit falschem – zu tragen. Sie haben die deutschen Farben für ihre alleinige Verwendung sozusagen okkupiert.

Der deutsche Normalbürger hat sich auf diese Weise also seine Wappenfarben von der Rechten entwenden lassen und bleibt farblos.

Als einzige demokratisch anerkannte Ausnahme ist nur der deutsche Parka mit einem sich am Ärmel befindlichen kleinen – fast schamhaft kleinen – Rechteck in Schwarz-Rot-Gold bekannt. Dieser wurde und wird seit 1968 sowohl von Bundeswehrsoldaten, Demonstranten, Schülern, als auch Obdachlosen und dem ehemaligen Verteidigungsminister Volker Rühe gerne getragen.

Ähnlich verhielt es sich auch in der Deutschen Demokratischen Republik. Weder erreichte ihre Nationalfahne die symbolische Bedeutung, mit welcher beispielsweise das amerikanische Banner *stars and stripes* von seiner Bevölkerung verehrt wird – aufgedruckt auf Reizwäsche, Bikinis und Baseballkappen – noch wurde die Hymne je mit gleicher Inbrunst gesungen wie von amerikanischen Sportlern, Politikern und Schülern; die Hand auf der Brust, mit verklärtem Blick. Das ostdeutsche Volk hatte beim Singen die Faust zu ballen.

Nach 1971 erklang die Hymne bei offiziellen Anlässen ausschließlich in der Instrumentalfassung. Das Absingen war aufgrund der Textzeile *Deutschland einig Vaterland*, welche der neuen politischen Ausrichtung entgegenstand, verpönt.

Gerade also im Trennenden der beiden deutschen Staaten blieb das Verbindende.

Das Farblose der Farben, das Sprachlos-bleiben-Müssen bei ihren Hymnen. Nicht Flagge zeigen, nicht das Maul aufmachen! Ein gesamtdeutsches verbindendes Unikum, schon vor der Wiedervereinigung.

Weil es einem Volk, welches in der Vergangenheit viele Länder besetzte, besser anstehen würde, nicht auch noch die abgelegte Hymne eines anderen Staates, nämlich der österreichisch-ungarischen Monarchie, weiterzuverwenden und insbesondere nach der erfolgten Wiedervereinigung der deutschen Lande, erlauben wir uns, eine realitätsbezogene Textfassung vorzuschlagen. (Einer neuen Musikfassung möge sich ein deutscher Komponist annehmen.)

Ost und West hat sich gefunden,
Brüder, Schwestern, heiß umarmt;
Stetig ist ein Jammergreinen,
Auf und Ab im ganzen Land.
Nur der „Soli" uns verbindet,
Einer gibt, der andre nimmt.
[: **Niemals wird das Jammern enden,
weil es halt kein Ende find´.** :]

Styropor und Aluminium,
Waschbeton und Silicon;
Hektik, Frust, freudlose Leiber,
Rosa deine Telekom.
Leblos süffeln sie die Biere,
Bis ein Schunkeln sie befällt.
[: **Deutschland, Deutschland, du bist lustig;
Jeder liebt dich in der Welt.** :]

Volk des Baumarkts, Volk des Asphalts;
Vieles dreht sich hier ums Geld.
Deinen Wald hast du zerstöret,
Imponierst dich in der Welt.
Von Mallorca bis nach Kenya,
Dänemark bis zur Türkei.
[: **Deutschland, Deutschland, Land des Lächelns;
überall bist du dabei.** :]

LITANEI VON DER DEUTSCHEN HOFFNUNG

Münster ist eine Ziegelstadt mit vielen Bäumen.

Viele Bäume für eine Stadt.
Am Schiffahrter Damm stehen Kastanienbäume, nach dem Kanal Lindenbäume, am Sentmaringer Weg japanische Kirschbäume, an der Hammer Straße die Baumhasel.
Deutschland:
Jede Straße eine Baumart!
Jeder Autobahnabschnitt seine eigenen Einheitsgewächse.
Dazwischen der poppige, flippige, gelbe Ginster.

Hübsch ordentlich getrennt.
Nichts gemischt.
Nicht die Bäume, nicht die Menschen.
Arbeitslose viele,
Sozialhilfeempfänger viele,
Asylanten viele und arme Menschen auch genug.
Apfelbäume, Birnbäume und Nußbäume in den kurzgeschnittenen Rasenanlagen,
zwischen den Arbeitslosenbehausungen KEINE.

Keine Bäume mit Früchten für arme Kindermäuler!
Könnte ja bekleckert werden, der schöne grüne Rasen, wenn die reifen Früchte auf ihn danieder fallen; könnte ein Hund darauf ausrutschen; ein deutscher Hund. Da sei Gott vor! Der arme Hund! Wo kämen wir denn hin, wenn der ausrutschte? Und wer ersetzte denn der deutschen Fruchtimport-Industrie den Verdienstausfall, wenn Obst-

bäume in den Parkanlagen stünden, und wer zahlte denn, wenn ein Kind von einem Apfelbaum fiele auf den schönen grünen Rasen?
Dann lieber die importierten Zuckerwasseräpfel und die Zuckerwasserweintrauben fressen.
Dann lieber die Nachmittagsfernsehsendungen in sich reinfressen.

Arme deutsche Kinder.
Denkt keiner an sie!

Denkt jeder nur an Karriere und Rentenabsicherung und Euro-Wertanlagen und an grünen kurzgeschnittenen Rasen.

Allseits beliebt, der grüne Rasen.
Muß schön kurzgehalten werden. Tut man gerne hier. Das Kurz-und-klein-Halten. Hat es immer schon gerne getan.
Was anders ist und wild wuchert – nicht nutzbare Pflanzen, Ausländer, Kinder, lila-haargefärbte Jugendliche, Unkraut: alles ausreißen, was anders ist!
Und was wild wuchert, wo es hinführt, hat man einmal schon erlebt.
Im Krieg.
Man war dabei, man kann sich aber leider nicht mehr so gut erinnern. Man hat wenig gewußt, man hat ja so wenig gewußt, aber man weiß noch, das Wildsein ufert aus.
Weg damit, ausreißen, abschneiden, wegschmeißen!
Alles geradmachen, alles in Ordnung bringen, alles begradigen, alle Straßen schön ausbauen, alle Straßenränder mit schönen Alleebäumen bepflanzen. Von Straßenbauarchitekten geplant und vom Straßenbauamt angebaut.

Platanen und Ahornbäume anbauen, Baumhasel und Ginkgos. Halten die Abgase der Autos besser aus; fast resistent gegen den Stadtdreck.
Fällt so nicht auf, daß die Luft immer schlechter wird.
So fällt nicht auf, daß die Luft immer schlechter ist.
Fällt so nicht auf, daß immer mehr Bäume diese Luft nicht aushalten.

In 3o Jahren nur noch Platanen, Ahorne und Ginkgos.
Außer vor Baumärkten, außer vor Einkaufsmärkten.
Da sind die buchsbaumartigen Kurzsträucher in Reih´ und Glied.
Wie es sich gehört.
In Reih´ und Glied, geradlinig gepflanzt, geradlinig beschnitten – und dazwischen Rindenmulch.
Sauber schaut das aus.
Da bin ich hingerissen.

Erst werden die alten Bäume umgeschnitten,
dann kommen die Bagger,
dann kommen die Fertigbauelemente und
Fertigtüren und
Fertigfenster.
Fertig der Bau, fertig auch die Arbeiter.

Dann kommen die Begrünungsunternehmen und unternehmen Grün.
So schnell und effektiv.
Das ist Kultur.
Deshalb sind die Deutschen das reisefreudigste Volk der Welt und reisen gerne zu den lockeren Italienern und den

lockeren Dänen und den lockeren Österreichern und Negern und Asiaten.
Weil sie das Lockere lockt, sind die Deutschen das reisefreudigste Volk der Welt.

Man müßte ihnen die Buchsbaumartigen verbieten!
Man müßte ihnen das Reisen verbieten, damit sie den Boden ihres Landes auflockern.
Und man sollte mit 1000 Mark Buße belegen, wer den Boden mit einer Waschbetonplatte befestigt!

*

Entlang der Hammer Straße stehen Baumhaselbäume.
An der Hammerstraße gibt es Anwohner, die bepflanzen die runden Löcher, in welche die Bäume verbannt worden sind, mit Efeu und kleinen Rankpflanzen.

Das
ist die Hoffnung für Deutschland.
Ein paar widerstandsfähige Bewohner
der Hammer Straße
in Münster.

DIE LITANEI VON
JENSEITS VON KUFSTEIN

Jenseits von Kufstein
werden Äpfel aus Neuseeland gefressen
gewachst und makellos, nach nichts mehr schmeckend
hingenommen
wie die Weintrauben, die makellosen
nach nichts mehr schmeckend
aus Südafrika
nach nichts mehr schmeckend, Gurken und Karotten
aus den Niederlanden Paprika Tomaten
werden hingenommen
wie sie vieles hinnehmen
solange sie ihre Sahne bekommen
im sahnigen Quark, im sahnigen Käse, in der sahnigeren
Sahne im Literpack

Einmal im Urlaub,
bei den Negern oder Mallorkinern oder Dänen
ist dann nichts mehr gut genug
man hat Ansprüche
man reist individuell pauschal
man ist ein individueller pauschaler Mensch
Jeder für sich gleich

Jenseits von Kufstein

Ist auf Krügers Kaffeeweißer
der den Kaffee weiß macht,
ein grüner Baum abgebildet

ein grüner Baum auch
auf den Logos der Holzfirmen,
welche die Preßspanplatten verkaufen
und druckimprägnierte Fichtenbretter
im Lande
in dem das Lebendige gerne zusammengepreßt wird
und gedrückt
die Schweine in enge Kobel
die Hühner in Batterien
die Menschen in Schubladen
wieso nicht dann auch die Bäume
in Preßspannplatten
pressen und drucken

Jenseits von Kufstein

Gibt es saubere Theken
aus Glas und Metall
in sauberen Supermärkten
die eingeschweißten Schinkenscheiben
und auf der Folie
ein netter Bauernhof
welchen die Sau nie sah
die in zerschnitten Scheiben hier eingeschweißt liegt

Jenseits von Kufstein
glaubten die Menschen vieles
glauben die Menschen vieles
früher dem Hitler
heute der Werbung
später werden sie wieder sagen
sie hätten nichts gewußt

Jenseits von Kufstein

Ist ein Metzger der neue Star aller Starmetzger
Jenseits von Kufstein
ist das Klügste im Fernsehen der Klugblick-Böhme
mit kluger Brille, derweil
Stephan Raab seine Gäste schlachtet
und Harald Schmidt seine Gäste verachtet
wie eine Spinne ihr Opfer betrachtet
süffisant grinsend
gepriesen mit Preisen
geachtet
für die Verachtung

Jenseits von Kufstein

Sabbert Alida Gundlach über blonde Schamhaare
echte oder unechte?
während Giovanni di Lorenzo
tiefgründig vor sich hin sinniert
und nach verlorenen Gedanken
hochgeistigen klugen
vor sich hin böhmert
gewürzt mit einem tiefen, tiefen Augenaufschlag
der Marke Michel Friedman
oft versucht und nie erreicht

Erreicht auch nicht von Meier Burkhart
Alidas witzigem Stichwortgeber
kann nicht klug böhmern
kann nicht witzig gottschalken
kann nicht tief friedmanblicken

und nicht mal mit Lorenzos
di Lorenzos Namen konkurrieren
armer Hubertus
Jenseits von Kufstein
wird Samenbank-Lilo Wanders geschminkt
Jenseits von Kufstein
gibt ein Markwart einen Focus zum Besten
Jenseits von Kufstein
ein Sammelsurium masturbierender Eitelkeiten
tun alles fürs Geld
um das Volk zu verblöden
zwischen der Werbung
brennen die Asylanten
sind sich aber nicht zu blöd
die Herrn RTL und Konsorten
darüber zu klagen
wie sehr denn das Volk
von Jahr zu Jahr
niveauloser wird
zwischen der Werbung
wird das Denken immer kürzer
Jenseits von Kufstein

Jenseits von Kufstein
aber auch diesseits und euro-seits
wird im Sommer nicht früher aufgestanden
sondern die Uhr umgestellt
aber natürlich
- natürlich kommt von Natur -
aber natürlich müssen sie trotzdem früher aufstehen
anstatt
die Schlachttiere gesund auf Weiden zu halten

auf daß sie gesund leben bis zu ihrem Tode
werden die Krankheitskontrollen verschärft anstatt
den Abfall zu vermeiden versuchen
werden drei Mülltonnen aufgestellt
damit weniger auffällt
was mehr wird
nämlich der Dreck und die Verpackungen
und immer mehr
immer schönere Verpackungen
je schlechter
der Inhalt
anstatt
langsam und gut
zu backen das Brötchen
auf daß es auch noch nach Stunden schmecke
wird auch am Sonntag gebacken
bald
rund um die Uhr
backfrisch
anstatt
weniger Abgase auf Kinderwagenhöhe
die Kinder und Väter
und Mütter
aus den Städten drängen
mit ihren Kinderwägen
damit die Wagen Platz haben anstatt
weniger Abgase
die Bäume, welche abgasresistenter
die Bäume, welche langsamer sterben anbauen anstatt
selbst
anstatt dessen allemal nur die andern schuldig seien
Hauptsache sie bekommen ihre Sahne

Noch sahniger
noch cremiger
nuckelt ein Volk sich
und Warsteiner, Krombacher und
Diebels
haben wir eines vergessen?
Jenseits von Kufstein
wird alles hingenommen
was von oben kommt
der Dreck, der Regen, die Politik

Jenseits von Kufstein
kümmern sich Studenten
um ihre Zwischenprüfungen
und ihre Computer
und ihre Magisterprüfungen
und verkümmern

Kümmern sich Schüler
um ihre Noten
und ihre Computer
und die Fernsehprogramme
und verkümmern

Kümmern Eltern sich
um die Zukunft ihrer Sprößlinge
als Idealkonsumenten
und um den Erwerb eines Zweitcomputers
und eines zweiten Fernsehers
und eines kleinen Zweitwagens
für die Ehefrau
und um die Urlaubsplanung

Die Alten kümmert ihre Rente
und die Frage
ob sie für die Computer zu alt sind
und die Frage
ob sie auch jung genug geblieben sind
und bekümmert, daß die neue Faltencreme auch nicht immer hilft
und bekümmert
daß sich niemand um sie kümmert
und verkümmern

*

Einsam
sterben die Deutschen in Datenautobahnen
von Datensekunde zu Datensekunde zu Datensekunde
noch schneller, unfähig zum heiteren Lachen

Schneller besser deutsche Eiche wächst – langsam und einsam
sterben die Deutschen an ihrem Krebs

Jenseits von Kufstein
gibt es
mehr Autowaschanlagen
als Kinderspielplätze
und Jenseits von Kufstein
ist für Kinder und andere Menschen viele
das Jenseits schon im Diesseits angekommen

TIROL

VERHALTENSMASSREGELN
für den Umgang mit
DEUTSCHEN TOURISTEN
nebst einigen besonderen und bewährten Ratschlägen,
Anschauungen und Betrachtungen im Umgang mit
Angehörigen der Niederlande und auch Belgiens.
In verständliche Sprache gesetzt für
TIROLER
Einheimische, Schilehrer und junge Burschen
im besonderen.

§ 1 Rede jeden Deutschen mit DU an! Er hält dich ab dann für einen urigen Tiroler und wird dich nun entweder wie einen Volltrottel behandeln oder aber, und dies ist wahrscheinlicher, er wird in hohem Maße zutraulich wie zu einem Freunde reden, deine österreichische Gemütlichkeit loben und seine zunehmend anheimelnden Gefühle dir aufdrängen, weil daselbst in seiner Heimat nicht allzuleicht möglich ist!

In beiden Fällen (dem Volltrottel als auch dem Gemütlichen) tue ihm nach seinem Willen; dies nützt dem Fremdenverkehr und auch deiner Geldbörse!

§ 2 Lecke ihre Stiefel nur mit sauberer gepflegter Zunge; denn man will sich ja nichts nachsagen lassen!

§ 3 Du sollst die Fremden immer Gäste nennen!

§ 4 Gib im Umgang mit Deutschen so oft als möglich urige Laute wie *jo, göi, öi, jau, galeings, oftn, uah, oah* und dergleichen von dir! Dies erfreut ihr Herz, weil sie sich im Besitz der besseren Deutschkenntnisse wähnen. Unterlasse es also in jedem Falle, sie in ihrer Ausdrucksweise zu korrigieren, denn sonst wirst du den Satz „Und das muß mir ausgerechnet ein Österreicher sagen" zu hören bekommen!

§ 5 Zieh dir eine Lederhose an, nimm dir ein Stück Holz, geh ins Gasthaus und hüpf´ ein wenig auf der Bühne umher. Dann schlage dir auf deine Schenkel und auch auf´s Holz! Dies nennt man Schuhplattln, und der Erfolg ist dir gewiß! Aber untersteh dich, dasselbe in Jeans auf dem Dorfplatz zu tun, denn so kommst du ins Irrenhaus.

§ 6 Du bist kein Mensch, du bist ein Tiroler!

§ 7 Lerne die Worte Sahne, K<u>a</u>ffee, Kartoffel, Hackfleisch, Brötchen, Quark und dergleichen mehr, denn der deutsche Tourist beherrscht selbige Begriffe zwar in italienischer, spanischer, französischer, englischer und sonstiger Sprache, doch er weigert sich standhaft, dieselbigen in österreichischer Benennung, wie Schlagobers, Kaff<u>ee</u>, Erdäpfel, Faschiertes, Semmeln, Topfen und dergleichen mehr sich anzueignen!

§ 8 Schreibe alle Preise in DM an, denn du lebst in Österreich!

§ 9 Lache nicht, wenn sie Tüte, Brühwürfel, Kännchen, Brötchen, Schnittchen, Stöffchen, Kälbchen und Würstchen sagen, sondern bleibe unterwürfig und sei ihnen in allem gefällig!
Wenn sie dich aber fragen, ob noch ein Plätzchen frei sei an deinem Tische, so verneine dies höflich. Denn so du bejahst, werden sie auf dem Plätzchen Platz nehmen und ihre Stimmen in der ihnen eigenen Lautstärke erheben; und nimmerdar wirst du Ruhe haben vor ihnen.

§ 10 Sei immer höflich zu den Deutschen, denn sie sind leibhaftiger als Jesus Christus!
ER ist nur einmal zu uns gekommen; sie schon öfter! ER ist wieder aufgestiegen; sie ...nicht!
ER brachte uns Erlösung; sie aber Erlöse! ER brachte uns Liebe; sie aber wollen geliebt werden!
Denke an das weise Sprichwort deiner Väter: „A Kua muas ma ollweil a weng an buckl krotzn, oftan geiits mea milch" (Der Kuh muß man vor dem Melken ein wenig den Rücken kraulen, dann gibt sie mehr Milch.)!

§ 11 Gib jedem ankommenden Touristen das Gefühl, er sei der beliebteste und schon sehnlichst erwartete Gast; mehr Freund als Gast – dann zahlt er mit Freuden! Wenn er wieder fährt, so tritt aus dem Haus und winke lange!
Achte aber darauf, daß sich Abreisende und neu Ankommende nicht begegnen!

§ 12 Zeige nie, was du denkst!

§ 13 Wenn du deutsche Touristen in deinem Haus zu Gast hast, so bewahre einen genügend großen Vorrat von Schlagobers – sie nennen ihn Sahne – auf, denn diesen lieben sie und tun sie auf viele Speisen und in großer Masse!
Auch essen sie am liebsten sahnigen Yoghurt, sahnigen Frischkäse und sahnigen Pudding. Ja, sogar die Sahne mögen sie am liebsten, wenn sie noch sahniger und noch cremiger ist.

§ 14 Betritt Lokale in der Außersaison nie; und wenn doch, so wundere dich nicht, daß alle Touristen vor dir bedient werden.

§ 15 Willst auch du ein schönes großes Haus, so nimm einen Kredit auf und baue! Sodann ziehe in den Keller und mache eine Pension auf!

§ 16 Unterlasse Höflichkeiten gegenüber Belgiern und Niederländern, denn sie kommen mit dem Vorurteil, dein Lächeln wäre aufgesetzt und käuflich. Diese Meinung kannst du ihnen auch mit der ausgesuchtesten schleimigsten Unterwürfigkeit nicht nehmen, weil du sie solcher Art doch nur bestätigst!

§ 17 Gib deine Kraft nicht darein, an Niederländern oder Belgiern Gewinn machen zu wollen!
Sie haben nicht vergessen, daß unsere Brüder – die spanischen Habsburger – sie regierten und aussaugten und preßten! Dessenthalben gönnen sie dir nichts und tun, als ob sie alles in Besitz

hätten: die Berge, die Campingplätze und Straßen. Dich aber behandeln sie wie einen Fremden im eigenen Land. Lasse sie und dämpfe ihren Hochmut auf den Bergstraßen, wenn du sie in den Kurven überholst und schneidest. Auch lasse sie vom guten Tiroler Bergkäse schmecken, und betone, daß er *ohne* chemische Zusätze ist!

§ 18 Erzähle jedem Touristen von einem Geheimtip! Dies kann ein Weg sein, ein kleiner See oder ein besonderer Gipfel. Verweise mehrmals darauf, daß du nur ihm – und *nur ihm* – diesen Geheimtip weitergibst und ansonsten dieses Plätzchen nur Einheimischen bekannt ist. Da er als Massentourist keinesfalls dort sein möchte, wo die Masse ist, wird er dir für diesen kostenlosen Tip lange dankbar sein. Auf seine zaghaften Vorhaltungen, daß an diesem Orte leider auch viele andere Touristen waren, tue erstaunt und wundere dich ob der Geschwätzigkeit der anderen Einheimischen, welche jedem Dahergelaufenem schöne Geheimtips verraten!

§ 19 Ob in den Geschäften, der Post oder dem Schilift: wenn die Touristen kommen, wirst du lange anstehen müssen, weil sie alle Zeit der Welt in ihrem Urlaub haben und alleweil viel zu schauen. So du also fluchst, so tue dies ausschließlich im Dialekt! Auf diese rechte, aber den Fremden unverständliche Weise geflucht, geschieht dreierlei: Da du nicht verstanden wirst, erfreuen sich die Touristen an den einheimischen Lauten. Du aber kannst sie mit Namen bedenken, die sonst ungesagt bleiben müßten und wirst deine Wut los. Solcher Art tust du sogar im Fluchen dem Fremdenverkehr und deinem Land einen Dienst.

§ 2o Du bist kein Mensch; du bist ein Tiroler!

§ 21 Präge dir die Worte – Fremdenverkehrsverband, Tirol, Brauchtum, Schützen, Gott und Geld – für immer ein! Sie stehen in einem tiefen inneren Zusammenhang!

§ 22 Wenn ein Deutscher deine Almhütte mieten will, vermiete sie ihm!
Wenn er deine Truhen kaufen will, verkauf´ sie ihm!
Wenn er dein Brauchtum will, gib es ihm!
Wenn er deine Tradition will, verkauf´ sie ihm!
Wenn er aber deine Tochter will, so sage ihm, daß nicht alles zu haben sei für Geld. Sage ihm aber nicht, daß schon der Bürgermeister ein Auge auf sie geworfen und so zu hoffen wäre, er möge das andere Auge zudrücken beim Erteilen der Baugenehmigung für den neuen Lift – im Naturschutzgebiet – und deine Tochter solcherart also schon anders gebraucht werde.

§ 23 Wenn ein Niederländer deine Almhütte mieten will, so sage ihm, sie sei leider schon von einem Deutschen gemietet!
Wenn ein Belgier deine Truhe kaufen will, so sage ihm, sie sei schon für einen Deutschen reserviert!

Wenn ein Niederländer deine Tradition will, so sage ihm, die Deutschen hätten sie durch zuviel Geld schon verdorben! Leider!
Wenn aber ein Belgier deine Tochter will, so hol die Jungbauern aus den Tälern und hetze sie auf ihn!

§ 24   Wenn ein deutscher Tourist vor dir großtut, so buckle vor ihm, denn er empfindet sich als wirtschaftlich Überlegener. Da er aber erhobenen Hauptes besitzergreifend in die Welt blickt und du vor ihm buckelst, so wird er nicht merken, was du von ihm nimmst!
Die Alten sagen: „Je lauta a hau, desto derischa isa, je hecha sei haufn desto weida schaugta. Je lauta und hecha, desto gschuzta isa".
(Je lauter ein Hahn, desto tauber ist er, je höher sein Haufen, umso weiter schaut er. Je lauter und höher, desto dümmer ist er.)!

§ 25   Wenn ein Niederländer vor dir großtut, so sage ihm die Wahrheit über das Brauchtum, und daß die Volksmusik und das Trachtengetue nur zum Geldausnehmen der deutschen Touristen sei!
Gerne hätte auch er diese Dinge genossen und gerne wäre auch er auf diesen Leim gegangen. Doch so von dir in Kenntnis gesetzt, wird er nichts mehr dafür zahlen mögen, weil er von einem geizigen Volke stammt und dich hassen, weil du ihm diese Illusion geraubt! Sein Großtun wird auf diese Weise von ihm genommen und du magst damit zufrieden sein.

§ 26 Notiere dir in dein Notizbuch, daß die deutschen Frauen und die Schwedenmädln und alle anderen Touristnmädln in der Saison beschlafen werden wollen! Insbesondere, wenn du ein Schilehrer bist!

§ 27 Schwängere nur einheimische Mädchen, auf daß die Alimentationszahlungen im Lande verbleiben. Tue das Schwängern aber nur in der Außersaison!

§ 28 Verwende im Fremden-Verkehr ausschließlich ungebrauchte Präservative, auf daß das Tun und Treiben der Touristinnen ihren Männern nicht durch eine Schwangerschaft bekannt werde!
Sei insbesondere gewarnt vor dem dummen Brauch, die Gummis vorsätzlich mit kleinen Löchern zu versehen, damit solcherart der eine oder andere Same spaßeshalber doch noch seinen Weg fände.
Dies ist ungeziemend und soll weder mit fremden noch mit heimischen Mädchen gemacht werden!

§ 29 Du bist ein Tiroler! Du bist kein Mensch!

§ 30 Freu´dich, die Deutschen kommen!
Geld – hechel, hechel; Frauen – hechel, hechel; Menschen – heil, heil!
Aber freu´dich auch, wenn sie wieder abhauen, die Fremden: Denn ein richtiger Tiroler ist ein richtiger Tiroler; und untereinander ist's halt doch am schönsten!

FÜNF RATSCHLÄGE
für den Umgang mit deutschen
TOURISTINNEN

I. Wenn die Touristinnen kommen, mache keine am ersten Tag an!
Das würden sie erwarten, und du wirst entweder abblitzen oder nur leichte, billige Sonnenbankgebräunte mit Ibizaniveau ins Bett kriegen, bei welchen dich Übelkeit befällt, wenn sie den Mund öffnen, um zu sprechen.

II. Am zweiten Tag achte auf Frauen, welche nur in Begleitung ihrer besten Freundin durch´s Dorf schlendern.
Am Abend beachte, ob sie ihre trauten Frauengespräche unterbrechen, wenn ein Mann das Lokal betritt; und auch, ob sie beginnen, unruhige Blicke durch das Lokal schweifen zu lassen.
Erst nämlich reden sie über ihre Männer zu Hause, dann über ihre Arbeit und ihre Arbeitskolleginnen und anschließend, weil sie dies schon erschöpfend oft genug getan haben, reden sie über die billigen anderen Touristinnen, und wie die wieder aussehen und was die sich anzuziehen getrauen, bei der Figur. Dann lästern sie darüber, daß *die* sich schon am ersten Tag den einheimischen Männern an den Hals schmeißen. Danach reden sie über einige dieser Männer und wie dumm die Männer doch sind, daß sie sich von solch aufgetackelten Tussis blenden lassen und

beginnen sich insgeheim zu ärgern, weil ihnen der eine oder andere auch gefallen hätte. Ab jetzt befinden sie sich in einem Zustand permanenter Grunderregung. Ihre innere Uhr beginnt zu tikken.

Denn bedenke: Ihr hart verdienter Urlaub ist kurz, und schon haben sie zwei Tage alleine verbracht. Deshalb sind sie zwar miteinander weggefahren, aber nicht gekommen.

Dies ist der richtige Zeitpunkt.

Warte, bis eine der beiden auf die Toilette geht – was bei Frauen dauern kann – und dann schaue die andere lange an. Sie wird es ihrer Freundin erzählen, sie werden nur noch über dich reden, und die Nicht-Angeschaute wird von dem Reden über dich bald genervt sein.

Dies wird die Angeschaute fühlen und es als Neid einordnen. Unbewußt wird sie annehmen, daß sie um dich zu beneiden wäre und weiters, daß ihre Freundin dich ihr nicht gönnt.

Ab jetzt will und muß sie dich haben.

III. Entscheide dich frühzeitig, ob du die Schönere – und eine ist immer die Schönere – oder ihre Schattenfreundin anmachst.

Die Schönere wird deine Hofierung mit arroganter Selbstverständlichkeit hinnehmen. Aus Solidarität mit ihrer Freundin wird sie sich jedoch niemals alleine mit dir entfernen. Du sitzt also den ganzen Abend mit zwei Frauen am Tisch. Nimm also entweder einen Freund mit! – oder, und dies ist das Bessere, wähle die Nicht-so-Schöne!

Denn meist verbrauchen die Schönen ihre ganze Sinnlichkeit im nach außen gerichteten sich Herzeigen und Vorzeigen.

Auch ist die Nicht–so–Schöne unbedingt dankbarer: Du machst sie mit deiner Hofierung glücklich, und sie kann es ihrer – ach so schönen – Freundin endlich einmal heimzahlen.

Ihre Unsicherheiten werden von ihr fallen, und die Tage werden ihr leicht und angenehm werden.

Dies erlebst du des Nachts dann auch spürbar im Bette.

IV. Wähle, wenn möglich, Frauen mit Brille.

Einige von ihnen sehen einfach nur schlecht, aber andere haben keinen Durchblick und vermögen die Welt nicht zu sehen, *wie* sie ist: Scharf und ungetrübt. Im Bett aber, nach Abnahme der Brille, haben sie meist den sinnlicheren Blick.

Dies ist zwar ein Selbstbetrug, und es heißt nicht, daß du im Bett etwas Besonderes wärst, aber es gleicht die Ungewißheit eines vorgespielten Orgasmus aus.

V. Vergiß nie: Die Touristin kam in der Gewißheit zurückzukehren. Egal, was in den paar Tagen ihres Aufenthaltes geschah. Sie wird trotzdem gehen. Sie nimmt eine – vielleicht schöne – Erinnerung mit. Du aber bleibst alleine zwischen den Bergen zurück!

Wenn sie wieder in Deutschland ist, wird sie ein, zwei Freundinnen von ihrem Erlebnis erzählen.

Sie werden kichern und gackern. Daß es genauso

abgelaufen ist, wie vorher schon gewußt, und es wirklich ganz schlimm ist im Gebirge.
„Daß es dich auch mal erwischt?!" sagt lachend die eine.
„Und Skifahren konnte er natürlich auch?!" stichelt die andere.

„Vielleicht fahre ich nächstes Jahr wieder hin", sagt das Mädchen, mit der du in den Heuhütten lagst. „Vielleicht fahre ich nächstes Jahr wieder." Und sie denkt an den Stimmersee und die Waldkapelle.
An das Lieben zwischen Latschen und Felsen und an die Nächte, die so anders waren als in Deutschland.
„Vielleicht nächstes Jahr."

Niemals wirst du sie wiederseh´n.
Alleine bleibst du zwischen den Bergen zurück.
Tirol im Sommer. Tirol im Winter.

Schilehrers vielseitig verwendbarer Wortschatz!

Am Tag auf weißer Piste.....am Abend auf weißem Linnen.

Geh in die Hocke ! ...   ... Hock di auf mi !

Moch di Haxn zaum,   ... Moch di Haxn ausanaund,
du bist do ned im Bett ! ...   du bist do ned auf da Pistn !

Geht da di Luft aus ? ...   ... Geht da di Luft aus ?

Oschtemma !   Oschtemma !

Brems di eii,   ... Brems di eii,
du bist z'schnell ! ...   sunst kimm i z'schnell !

Stön ned,   ... Wieso stönst ned ?
steh wida auf ! ...   Jetzt dearfst !

So, Schluß via heiit ! ...   ... So, Schluß via heiit !
Guat woast, Diandl ! ...   ... I woa guat, hâ ?

Bis heiit Omnd ! ...   ... Bis morgn am Lift !

REDE DES SCHILEHRERS
AN DEN TELLERWÄSCHER KORBAN

SCHÖN Jung Reich Frau DEUTSCH
oder
REICH Schön Jung Frau DEUTSCH
oder
JUNG Schön Reich Frau DEUTSCH
oder
FRAU Reich Deutsch auch Jung und SCHÖN
oder
DEUTSCH Frau REICH

ICH NEHMEN ALLES!

IM DORF

    zwei jungfrauen
    sah ich am brunnen steh´n

    zwei jungs
    sah ich am wege geh´n
    sie
    hatten´s geschafft
    halleluja

    zwei
    frauen
    im wasser vom brunnen
    wuschen vom blut sich rein

am brunnenrand wächst saftiges moos
das durch flüssigkeiten genährt wird

JOSEF HÖLLER

Josef Höller war vor langer Zeit Bauer gewesen.
Dann, als der Tourismus angefangen, hatte er seinen Hof ausgebaut und Zimmer vermietet. Die Geschäfte gingen gut, und er baute weiter. Aus dem alten Zuhäusl (das ist ein kleines Haus für die Altbauern) machte er eine Appartementwohnung für deutsche Familien. Die Mansardenzimmer seiner Kinder baute er zu Fremdenzimmern um. Die Kinder bekamen ihre Zimmer im Keller.
Wenn am Kirchtag die Kühe abgetrieben wurden, durften Studenten hinauf auf die Almen. Das brachte hier ein Geld und da ein Geld. Die Geschäfte gingen immer besser. Er baute ein Hotel.
Später baute er noch andere.

Seine Hofwirtschaft begann er zu vernachlässigen.
Sein letztes Hotel war höher als der Kirchturm.
Im Dorf wurde das nicht gern gesehen, aber man sagte nichts Lautes; der Höller war jetzt im Gemeinderat.

Als der Höller älter wurde, hatte er manchmal Sehnsucht nach der dumpfen Ruhe der Kühe in den Winterställen; wenn die Nase die Luft von selber einzieht im Herbstheu. Nach der Müdigkeit am tannenen Stubentisch sitzen und die Arme schwer wie zwei gefallene Fichten im Hochwald.

Er ging nach solcherart unnützen Gefühlen, die allesamt kein Geld bringen, in den Kuhstall. Sauber war der jetzt und weiß getüncht. Mit vielen Kabeln, surrenden Saugmaschinen und neumodischen Meßuhren.

Alles Flausen, dachte er, und stürzte sich mit neuer Kraft ins Hoteliergeschäft.
Wenn die Halbwüchsigen nicht arbeiten wollten und mit ihren Mopeds durchs Dorf kreischten, sagten ihnen die Alten: „Schaug's lei, end nemmats eïch a Beispü am Höllara Joe, dea woas wia mas mocht."
Und er wußte es. Er wußte, wie man es macht.
Die Jahre gingen ins Land. Joe begann es zu hassen, der Joe zu sein. Joe lachte über die blöden Touristen, die seine gekünstelte Bauernshow für Ernst nahmen.
Sich selber haßte er für sein älpisch vertrotteltes Gemach.
Die Weibersprüche, das gamsige Schilehrer-Getue und die eichenfurnierten Tische in Rustikal. Alle zwei Wochen ein neuer Touristenschub: die Fremden; und jedem so in den Arsch kriechen, daß die glauben, man würd´ das ganze Jahr nur auf sie warten.

Er dachte an seinen tannenen Tisch.
Der stand irgendwo auf der Tenne.
Irgendwo bei den alten Heugabeln, dem Melkschemel und den Kraxn.

Der Höller wurde komisch.
Wohl brauchte er nicht mehr zu arbeiten. Das taten seine Töchter und Schwiegersöhne.
Der Höller stört die Jungen.
Gut, ja, er hatte alles aufgebaut. Keiner will ihm das wegsagen. Er hat Pläne gemacht, Hypotheken aufgenommen. Mit dem Bürgermeister und dem Pfarrer war er saufen gewesen. Den Innsbrucker Umweltvertretern und der Bauernkammer hat er den Schilift auf der besten Wiese abgetrotzt – im Naturschutzgebiet: Das muß ihm erst einer

nachmachen! Wer streitet es ihm ab? Aber jetzt ist Zeit für die Jungen!
Er macht sich nicht mehr in der Stube. Er stinkt wieder nach Kuhstall. Was hat er da zu suchen? Jeden Tag wird er gesehen, der Hotelier Höller Joe. Im Kuhstall.
Manchmal mögen die das ja gern, die Fremden; seinen Gestank nach Echt und Berg und unberührtem Brauchtum. Aber man muß sich ja schämen, wenn er seinen Schmarrn von früher erzählt, und daß die Schifahrer die Almen hin machen, und daß das Brauchtum verkauft wird und verlogen geworden ist.
Die Piefkes wollen gehätschelt werden.
Er wird sie unterhalten.
Er ruft nach Maria. Sie ist dem Höller seine liebste Enkelin. „Gehst her Maria", sagt er, "hüfst ma beim Gedichtübasetzn!" Sie hat ein schönes Diarndl. Sie wird ein wenig rot, aber sie nickt eifrig. Näher heran kommt sie und rückt zum Höller hin. Der nimmt ihre Hand in seine faltigen Pratzen und beginnt mit dem Dunstgedicht.

Waun	Wenn
die blessgscheckte kua	die blaßfahlgescheckte Kuh
auf da oim weiidt;	auf der Alm weidet;
waun	wenn
is liftgros	das Gras unter den Liften
wida grea wird,	wieder grünt;
und waun da oite baua	und wenn der alte Bauer
mit di dirneï ubandlt,	mit den Mädchen anbandelt,
is'da frihling wida do	ist der Frühling wieder da.

Die Deutschen lachen. Ja, ja, das ist halt noch ein richtiger Einheimischer. Man hört den echten Dialekt.

Da schmeckt das Abendessen im Tiroler Stüberl richtig lecker. Und wie süß die Kleine ausschaut.

Owa,	Aber,
do kemmand a d'eitschn	da kommen auch die
und hollända	Deutschen und Holländer
und und selans zuig,	und solches Zeug,
und fressn	und fressen einem
dan kas vom oimtisch;	den Käse vom Almtisch;
den guatn kas.	den guten Almkäse.
Spata,	Später dann,
waun daun di blosn	wenn die Blasen
aun'd finga,	auf den Fingern,
vom möchn –	vom Melken –
dia eitafinga,	die Euterfinger
aufspringa,	aufspringen,
dia blosn,	die Blasen,
daun	dann
is da herbst im launde.	ist der Herbst im Lande.
A joa geat schnell uma	Ein Jahr ist schnell vorbei
auf'da oim.	auf der Alm.
Wia im	Wie im
fremdn-proschpekt;	Touristen-Prospekt;
tirui im Summa	Tirol im Sommer,
tirui im winta	Tirol im Winter.
Kemmts leï oi.	Kommt nur alle.

Ein paar empfindliche Touristen beginnen zu murren, ein alter Holländer beschwert sich laut
Die Töchter drängen Höller aus der Gaststube.

Die Schwiegersöhne lachen ihn aus.
Dann kommt die EU ins Land.
Die kleinen Molkereien müssen zusperren. Die kleinen Bauern gehen in Frührente. Die Jungbauern geh´n in die Fabrik oder in die Liftstationen. Die Töchter sitzen an der Kassa vom Hallenbad. Manche lernen Massieren oder Servieren beim Après-Ski.

Die Deutschen haben heuer weniger Geld, weil viele arbeitslos geworden sind. Die Welt in den Tälern steht auf einmal Kopf. In den Tälern kann sich keiner erinnern, daß die Deutschen jemals weniger Geld gehabt haben.

In den Hotels gibt es freie Kapazitäten.
Keiner kann sich erinnern, daß Zimmer leer standen.
Immer war man ausgebucht. Ein Unglück.
Eine Strafe vom Herrgott.
In der Kirche wird um Fremde gebetet.

Der Höller sitzt nicht mehr in der halbleeren Gaststube.
Der Höller sitzt am Eingangstisch.
Der Höller wird immer komischer.
Er verwechselt die deutschen Besatzer von früher mit den deutschen Touristen von heute.
Er grüßt die Gäste mit „Heil Hitler". Das ist ein Gaudium.
Einige Besoffene grölen begeistert.
Er sagt, laut seien sie allemal. Früher wie heute.
Er sagt, es gibt keinen Unterschied im Benehmen. Da ist es kein Gaudium mehr. Die Deutschen sind empört und sie sagen, daß sie sich das nicht sagen lassen müssen.
Da dulden ihn die Töchter nicht mehr. Man hat ja allweil Verständnis gehabt für seine Flausen und Spinnereien.

Man hat ihn sogar verteidigt, als im Dorf die ersten Sprüche gesagt wurden über ihn, und man hat es an der nötigen Ehrfurcht nie fehlen lassen; Gott sei es gelobt, aber jetzt ist es genug.
Auf den Eingangstisch wird ein schönes Gesteck gelegt werden – zum Bewillkomm der Fremden und ein paar farbige Prospekte vom Hotel. Er soll sich rausscheren. Hier ist kein Tisch mehr für ihn.

Die Maria ist dem Höller sein liebster Mensch. Sie versteht ihn. Sie weiß, daß er nicht spinnt.

Im Hornung bittet er sie, ihm den tannenen Tisch suchen zu helfen.
Sie hilft ihm.

Auf der Tenne oben sagt er zu ihr, daß sie das Beste ist, was im Tal jemals gewachsen ist.
Er legt seine Augen auf sie.
Er zieht ihren Duft in seine Nase.
Er macht ein Kreuz auf ihre Stirn.
Dann sagt er: „Gehst'd jetzt Maria".
Sie geht.

Höller rückt den Tisch zurecht, spuckt auf die Platte und putzt mit seinem Taschentuch.
Über den Melkschemel steigt er auf die saubere Platte.
Und hängt sich auf.

Im Fallen bemerkt er verwundert, daß der tannene Tisch aus Bergahorn ist.

Erläuterungen:
Hornung ist *eine* althochdeutsche Bezeichnung für Februar.
Großdat ist die in Tiroler Tälern übliche Bezeichnung für Großvater.
tannener Stubentisch, ein Tisch aus Tannenholz;
gamsig ist ein allgemeiner, sexuell erregter Zustand, der an kein bestimmtes Mädchen gebunden ist;
Der *Kirchtag* (auch Kirtag) ist das Kirchweihfest am 18. Oktober, dem Namensfest des Evangelisten Lukas.

Aus der Erzählung:
Die Beschreibung des Korporal Hanastein. Kufstein 1982

KUHGLOCKEN AUF 3SAT

Wenn die Kuhglocken mir ins Herz klingen
zerreißt es mein Herz
nicht mehr wirklich

Es ist
schon
zerrissen

Wie im Tode
kein Ton
Ist mein Leben in Deutschland
ohne Kuhglocken

Neun Jahre

In Gruch noch`n Heï hon i no in mia
di Läachn schmeck i no
in Toinöbi gspia i no in mia
und di Kuaglockn sannd tiaf in mein Heazn

Di Diandlan am Hechtsee
liegn no in meina Erinnarung
und meine Finga gspian no
di follendn Heanstblattlan

Wenn-i no laung wegbï
wea i loppat vua Hamweh

Noch habe ich den Geruch des Heus in mir
noch rieche ich die Lärchen
noch spüre ich den Talnebel in mir
und die Kuhglocken sind tief in meinem Herzen

Die Mädchen am Hechtsee
liegen noch in meiner Erinnerung
und meine Finger spüren noch
die fallenden Herbstblätter

Wenn ich noch lange weg bin
werde ich verrückt vor Heimweh

HEUGESCHICHTEN

ELKE AUS KÖLN

Was jeder mit jeder
Viele Stunden
Zeit
viel Heu
viel
Decken
und Kichern
und Verdorbenheit
im Heu und der vielen
Zeit
in der Dunkelheit
die Beine breit
im Heu
Und a weng dialekt gredet
Und a weng tirolashow gmochet
Und beim stöhnen diandl zu ia gsoget

So hot dia kölnarin kriaget
wos si vorher gmanet hot

hei, dialekt und a weng freiheid
Hatte sie vorher erwartet
und bekommen
was sie gemeint hat
Heu, Dialekt und ein Gefühl von ein wenig Ausbrechen

es is oiweu deïs söwe es is
oiweu deïs söwe es ist
immer dasselbe

DRAPIERTE HINGABE

Als Du lagst,

Auf dem Diwan,
Auf dem Bett,
An den sanften Wiesen des Waldsees;

Weniger eine Prinzessin,
Als eine schöne Haremsdame.
Die Schönste.

Weniger eine Königin,
Und mehr eine Mätresse.
Die Kühlste.

Und weniger eine Frau,
Als eine, die Liebe sucht;
Die meine,
Für Heute.

Als Du Dich da
So hingabst,
Voll von *fun* und lasziv und voll von Gestöhn,
Da gabst Du
Dich nicht,
Du
Schöne Frau,
in teurem Leder,
Tot und leer.
Voll nur von Leere und davon immer mehr.

Eine die Liebe suchte;
Die Meine,
Für heute,
Fandest Du nicht.
Ein Beiliegen, voll von Eile
Noch keine Heimat ist.

Rheinischer fun und Beine breit
Liebt sich mit waldhölzerner Einsamkeit
So nah und doch so weit
Voneinander entfernt;
Beim Vögeln und Schnackseln.

Für einen Tag nur
Meine Dame
Und ein paar Monde
Meine Mätresse
Und für lange
Eine Suchende.

Schale Worte voll von Lüge,
Als Morgengabe.

SCHAU, MÄDCHEN; MAG SEIN
Rede des Einheimischen, an die Touristin einer Nacht
Offenherzig, ehrlich und deshalb besonders wirksam

Schau, mädchen
mag sein
daß es nur schwachheit ist
die lust mich zu zerstören
ein findelkind
daß selbst sich nie gefunden
mag sein
ich möcht ein stückchen von der freiheit
(ich mag die vögel nicht
die jährlich sich am nestchen treffen
ein ganzes kurzes langes vogelleben lang
und ihre eier legen dort inmitten ihres schwarms
zusammen und alleine nichts mehr sind
ich mag die raben
die alleine selbst im schwarm ich mag
sie fressen alles, was sie kriegen können
sie sind
so lieblich unhuman)

mag sein
in mir ist alles blind
in meinem herzen nur ein wollen und ein haben
mag sein
ich bin kein mann
in meinem wesen noch ein kind
das dieses schöne spielzeug will
zum spielen und zum haben

mag sein
ich bin wie alle männer sind
mag sein
daß die moral
die mich die nonnen in der kindheit lehrten
verraten will, weil ich im herzen fühlte wie sie logen
daß sie wie andre frauen auch begehrten
was niemals wunsch sein durfte
sich dagegen wehrten
ich aber war noch kind
als ich ein kind noch war
vielleicht
zu guter letzt mag sein
mein hirn wird nur regiert von meinen hoden
mag sein ein jedes wort von liebe
oder sehnsucht wär nur gelogen
so bleibt doch eines wahr
mein körper ist ein egoist
er schreit ich will
er schreit ich will zu dir
mein körper, das bin ich
und ich bin nur noch gier

kein schönes wort
ich weiß
und nicht gerade zum verführen sehr geeignet
aber wahr
die gier hat einen namen
meinen

nun, mädchen, woll´n wir uns vereinen?
nein oder ja?

LAG EINE FRAU AM WALDSEE MIR

I

Lag eine Frau am Waldsee mir
Mit roten Haaren weißem Leib
Und weißen Brüsten
Weißen Schenkeln
Lag eine Frau am Waldsee mir

So schön mir hingelegen

Lag sie so schön im Bette mir
Lag sie so schön im Bette mir
Mit rotem Haar
Und rotem Schal
Um weißem Hals so wunderbar
Dort
Durft´ ich sie nicht beißen

Die weißen Brüste sind für mich
Die weißen Schenkel liegen offen
Die weiße Frau liegt nur für mich

Wie sollt ich sie nicht nehmen

Die mir so als Geschenk sich gab
Die mir so schön im Bette lag
Die mir so schön am Waldsee lag
Und ihre Augen tief in mir
Wie sollt ich da nicht lügen

II

Ich geb´die Worte die sie will
Im Dialekt, so leicht gesagt
Sie bietet ihren weißen Leib
Sie macht sich ihre Beine breit
Sie gibt sich hin und gibt sich nie
Die reiche Frau, sie kann nicht lieben

Ich wollt´sie ganz
Ich wollt´sie ganz
Ich hab´nur Fleisch bekommen
Ihr weißer Leib war tot und leer
Sie kannte keinen Körper mehr
Sie konnte sich nicht lieben

Ich hab´nur Weiß
Ich hab´nur Fleisch
Ich hab´nur Weiß bekommen
Sie stieg in einen Zug nach Köln
Ihr Rot war noch so tief in ihr
Verhüllt
So wie ihr Hals beim Lieben

Sie fuhr in einem Zug nach Köln
Ich bin zu Haus´geblieben

RECKLINGHAUSENER SCHÖNE

Recklinghausener Schöne
an Deine Stimmungen
gewöhne
ich mich nicht
gar so leicht

vielleicht
nie

Recklinghausener Triebe
so ganz ohne Liebe
betören mich nicht
öfter
als zwei
drei
mal

Recklinghausener Mädchen
aus dreckigem Städtchen
so sauber und rein
wie Du
werde ich
nie sein

Recklinghausener Mädchen
ich glaube
ich fürchte
ich bin doch eher ein Schwein

Tiaf im Koasaboch

Tiaf im koasaboch
gaunz hintn
is a madlen
in da sunnen
in da sunnen is si glegn

Iare haut woa weiß wia müch
niamois so wos scheans i gsechn,
weiß wia müch ia hoasa leib woa
blond und englsrot ia hoa woa

                                Tief im Kaiserbach
                                     ganz hinten
                                   ist ein Mädchen
                                   in der Sonne
                              in der Sonne ist sie gelegen

                              Ihre Haut war weiß wie Milch
                  niemals habe ich sowas Schönes gesehen
                       weiß wie Milch war ihr heißer Leib
                      blond und engelsrot war ihr Haar

Is auf große stoana glegn
glegn im wossa
sonnenglitzan
auf di hoa
und auf die stoana
tiaf im koasaboch
gaunz hintn

Auf einem großen Stein lag sie
im Wasser, Sonnenglitzern
auf den Haaren und den Steinen
tief im Kaiserbach ganz hinten

Zwischn iare bloachn boana
blonde hoa auf weißn stoana
iare lippn perln wossa
eiglan glitzan
a begean in tiafe schluchtn
tiaf im koasaboch gaunz hintn

Zwischen ihren blassen Beinen
blonde Haare auf weißen Steinen
Auf ihren Lippen perlt Wasser
Augen glitzern
ein Begehren in tiefen Schluchten
Tief im Kaiserbach ganz hinten

Wia in ana ligastott
is si jetzan vua mia glegn
wia a fee auf wossafösn
hot sa si mir hin'dogeben
is di liabschoft mia do gwesn
mit ona fee auf wossafösn

Wie in einem Bette
lag sie nun vor mir
Wie eine Fee auf Wasserfelsen
so hat sie sich mir hingegeben
so ist die Liebschaft mir gewesen
mit einer Fee auf Felsen im Wasser

Gwesn gwesn
Baam und sun und wossafösn
tiaf im koasaboch gaunz hintn
hot a madlen si mir gebn
ohne redn ohne redn
Nemmand
nemmand
ischt si gwesn
iare brüst wia toag dea geht
weis wia müch
so is si glegn
wia a schnee
dea auf di hoitn lig

                        Gewesen, gewesen
            Bäume und Sonne und Wasserfelsen
             tief im Kaiserbach ganz hinten
         hat ein Mädchen sich mir hingegeben
        ohne zu sprechen, ohne zu sprechen
                           Nehmend
                           Nehmend
                      ist sie gewesen
            ihre Brüste wie Teig, der geht
                    weiß wie Milch
                    so ist sie gelegen
        wie Schnee, der auf den Halden liegt

Hoas di sunnen
woarm deïs madlen
tiaf in ia
und tiaf in schluchten
tiaf im koasaboch gaunz hintn

              Heiß die Sonne
             warm das Mädchen
                Tief in ihr
            und tief in Schluchten
         Tief im Kaiserbach ganz hinten

Joa um joa
a groβa stoa no
ligt im wossa,
siach eam efta
bsuach si eba
joa fia joa
und di andrea
is koa fee, si is is diandeï
von an haunrei
Tiaf im koasaboch
Gaunz hintn

                    Jahr um Jahr
                   ein großer Stein
                im Wasser liegt er noch
                  oft sehe ich ihn
               Vielleicht besuche ich sie
                    Jahr um Jahr
                  und (die) Andrea
            ist keine Fee, sie ist das Mädchen
            von einem, der betrogen wurde
                  Tief im Kaiserbach
                     Ganz hinten

Der Kaiser(tal)bach entspringt im gleichnamigen Tal zwischen Wildem und
Zahmem Kaiser. Im Sommer ziehen sich einheimische Pärchen gerne in die
versteckten Schluchten des Baches zurück.

Sieglinde
Cousinchen

Schmiegsam und weich
war Dein Leib
Voll Begehren
Und süß die Sünde
am Boden
oben

Beim Spielen und Lieben
am Boden oben
aber auch
Deines Freundes Großmutter
hängte die Wäsche zum Trocknen auf
(fleißig wie sie war, und neugierig)

Und als sie leise kam
sind wir das letzte Mal
zusammen gekommen

Cousinchen Sieglindchen
süße verbotene Erinnerung
Hätte es Wäschetrockner schon gegeben
wäre uns das nicht passiert

VIOLA SAXA

will sein der Sturm
auf dem Du
durch die Lüfte wirbelst
in Kuß und Lust und Glut

will sein der Wind
der sacht Dich trägt
durch Blätternebel,
Blumendüfte, sanften Grund

will sein Dein Lager
wo Du ruhst von schwerem Kampf
vom Leben
wo Du schläfst

will sein Dein Schmerz
nur dieser bringt Erkenntnis, Wandlung

und
da ich alles will Dir sein
will ich auch sein Dein Tod
der Dich als letzter trägt und liebt

die
Glocken
drängten
uns

nur
weiter
so
legt
ab
die
Scham

nicht
denkt
nein
liebt

die
Glocken
drängten
uns

MILLENIUM

ALZHEIMER
Zwei Sichtweisen

Der wirtschaftlich besiegte Osten trug uniformkonform den blauen Mao-Look.
Der freie Westen trägt aus freien Stücken Blue-Jeans konform.

Die Kommunisten trugen alle gleiche Mützen.
Der Westen trägt mit Würde die Baseballkappe.

Tausende Atombomben des unfreien Ostens bedrohten die freie Welt.
Zwei Atombomben des freien Westens wurden ohne Androhung tatsächlich abgeworfen.

Im Osten gab es für das Volk nie genug Gutes zu essen.
Im Westen schmeckt es *einfach gut*.

Im Osten gab es nur wenige Automarken.
Im Westen ähneln sich die Autos immer mehr.

Die kommunistischen Staaten wurden von ein paar alten Männern regiert.
Der Westen wird von ein paar Konzernchefs gesteuert.

Für die Einreise in die UdSSR benötigte man ein Visum.
Für die Einreise in die USA benötigt man ein Visum.

In der UdSSR waren freie Parteien verboten.
In den USA sind kommunistische Parteien verboten.

Im Osten durfte man nicht über alles lachen.
Im Westen haben wir das Lachen verlernt.
Im Osten war die Wirtschaft ausgehöhlt.
Im Westen fallen Aktienkurse, wenn ein Mädchen vor Bill Clinton in die Knie geht.

Der Osten wurde mit Propaganda berieselt.
Im Westen wird die Berieselung von Werbeblöcken unterbrochen.

Den Menschen im Osten wurden Informationen vorenthalten.
Der westliche Mensch verdummt zwischen Privatsendern und Spielshows.

Der Osten hat sich trotz aller Zwänge seinen Freiheitswillen, seinen Willen zur Freiheit, bewahren können.
Eingemauert in Sachzwänge, politische Bündnisse und wirtschaftliche Erwägungen, verliert der Westen zunehmend die Möglichkeit zum freien Handeln.

Der Osten hat sich geöffnet
und will frei sein.
Der Westen schottet sich ab
und verliert das Gefühl für Freiheit.

Im Osten geht die Sonne auf,...
im Westen geht sie unter.

Erich Fromm: „Trotz aller Werbesprüche, die das Gegenteil behaupten, nähern wir uns rasch einer von Bürokraten beherrschten Gesellschaft, die einen wohlgenährten und

gut versorgten, entmenschlichten und deprimierten Massenmenschen verwaltet.
Wir produzieren Maschinen, die wie Menschen sind, und Menschen, die wie Maschinen sind. Was noch vor fünfzig Jahren die größte Kritik am Sozialismus war – daß er zu einer Uniformität, Bürokratisierung, Zentralisierung und zu einem seelenlosen Materialismus führen würde -, ist im heutigen Kapitalismus Wirklichkeit geworden.
Wir sprechen von Freiheit und Demokratie, und trotzdem fürchten sich immer mehr Menschen vor der Verantwortung, die Freiheit mit sich bringt, und sind glücklich, die Entscheidungen den politischen Experten überlassen zu können." Aus: Erich Fromm. Über den Ungehorsam. Stuttgart 1982.

*

Gorbatschov regierte die unfreie Union der Sozialistischen Sowjetrepubliken.
Reagan regierte die freien Vereinigten Staaten von Amerika.

Gorbatschov weiß noch, was er tat.
Reagan hat Alzheimer.

s'Genzüchtaliad

Zur Melodie von: Da nöibi ziacht eïcha (bayr. Volkslied)

Di Aug´n von die Sau´n, homa wegopariert;
Jetzt schreckt uns ia Blick neda, waun se krepien;
Di Tiarschütza regn si jetzt wida so auf,
[:doch wia Gen-züchtn weida und scheißn do-o drauf:]

Die Augen der Schweine haben wir wegoperiert; Nun
erschrickt uns ihr Blick nicht mehr, wenn sie krepieren.
Die Tierschützer regen sich wieder sehr auf,
[:doch wir genzüchten weiter und scheißen darauf:]

Aus`d Eita von`d Kia, homà zwore draus gmocht;
Da Schlog is hiaz bülicha, des hom`ma gschofft.
Di Tiaschütza regn si jetzt wida so auf,
[:doch wia Gen-züchtn weida und scheißn do-o drauf:]

Die Euter der Kühe haben wir verdoppelt;
Die Sahne ist nun billiger; wir haben es geschafft.
Die Tierschützer regen sich wieder sehr auf,
[:doch wir genzüchten weiter und scheißen darauf:]

Di haxn von`d Hendln, die homa vazicht;
Hiatz brauchn`s koan Auslauf, jetzt lieg'n si g'schlicht.
Den Tiaschützan gegand d'Agumente jetzt aus,
[:doch wia Gen-züchtn weida und scheißn do-o drauf:]

Die Beine der Hühner haben wir weggezüchtet; Jetzt
brauchen sie keinen Auslauf, jetzt liegen sie gestapelt.
Den Tierschützern gehn die Argumente nun aus
[:doch wir genzüchten weiter und scheißen darauf:]

Krepiern si im Stoi, bevors g'schlogn wean zum Essen;
So zabressl mas und gem´s den Kian daun zum Fressen.
Jetz steam di Vabraucha und is Vuik regt si auf
[:doch da Heagott im Hümmi, scheißt freidig do-o drauf:]

Krepieren sie im Stall, bevor sie zum Verspeisen
geschlachtet werden; pulverisieren wir sie, und geben sie
den Kühen zum Fressen.
Nun sterben die Verbraucher, und das Volk regt sich auf,
[:doch der Herrgott im Himmel scheißt darauf mit
Freude:]

    JODLER:
    Sau–Sau–Sau–Haiku–Jedoliö
    Im Mo-Mor-Morgengrauen quicken die
    Saun-Saun-Saun sou romantisch Jefröli-ö

    Trotz alledem im Früh-Früh-Frühnebel-nöbi-ö
    Der Laster mit Hä-Hä-Hänger steht
    Alu-U-miniumplanken glä-ä-nzen im Morgentau
    Oa-Oa-Oame rosa Sau
    Numma 417.

VORÖSTERLICHE
LITANEI VOM CHRISTKINDTÖTEN

Das Christkind wird sterben!
Der Weihnachtsmann wird siegen!

Ein alter Mann mit Stiefeln, weißem Bart, einer roten Mütze und einem Sack. Da ist was drin, da muß was drin sein: Geschenke. Die Geschenke wollen verdient werden, die gibt es nicht umsonst.
Warst Du auch brav? Nicht *umsonst* in protestantischen Gebieten verbreitet. Der Weihnachtsmann.

Das katholische Christkind ist bis auf ein Lendenschürzchen nackt.
Kein Platz für Geschenke. Nur Platz für Freude im Herzen.
Was aber soll uns ein kleiner scheißender Gott in Windeln? Pampers-Werbung machen? Die verkaufen sich auch so!

Groß werden, nur damit er für uns gekreuzigt wird?
Scheiß drauf!
Der stirbt seinen Tod schon vor der Zeit!
Scheiß drauf!
Und schneller, besser, direkt in die Zielgruppe den Weihnachtsmann in unzähligen Stoffvarianten ans Fenster nageln. Vom hohen Norden bis in den tiefen Süden. Als Plastikfigur und Figürchen, mit elektrischem Licht, das uns leuchten soll, als Aufkleber für besinnliche Weihnachtsbriefe, für die sowieso kein Hund mehr Zeit hat, vorperforiert aus der „Brigitte" mit den Weihnachtsmann-

Keksrezepturen aus derselben Illustrierten, und als Lichterkettenvariante und Weihnachtskarte und mit einem Sinnspruch in Englisch und Französisch, weil das grade in ist, mit einem Frohe-Weihnachten-Spruch, als Beschwörung. Weil keine Zeit nicht ist für Weihnachten, weil man die Zeit für Geschenkekaufen verbraucht, um einen Sack zu füllen von einem vertrottelten Alzheimerkapitalisten.

Uns wurde ein Kind geboren, ein KIND.
Es opfert sich auf für uns, es wird sich aufopfern für uns, wenn seine Zeit gekommen ist.

Er aber, der Santa-Nikolaus-Knecht-Ruprecht-Weihnachtsmann-Geklonte opfert UNS und rieselt uns zu mit Jingle bells und dergleichen gewinnbringender Liederzeugnisse unserer amerikanischen Geldmacher und knallt uns Weihnachtspartys um die Ohren, Tag und Nacht, aber in keiner Heiligen Nacht mehr, sondern vom ersten November an bis zum letzten verkaufsoffenen Samstag verkauft er unsere Seelen, bis wir glauben, Weihnachten bedeute Lichterketten auf Kaufhäusern, Currywurst in reisigbekränzten Hütten, Geschenke mit Umtauschrecht und Fernsehen an Feiertagen, an welchen nichts mehr gefeiert wird, nur mehr gefressen, gesoffen, ge-RTL-t, ge-Pro-7-t und sich gefreut wird auf das neue Playboygirl in Weihnachtszipfelmütze.

Angeheitert stehen die Bürger in roten lächerlichen Zipfelmützen an den Glühweinständen der Weihnachtsmärkte und faseln alkoholgeschwängert, schwermütig bedüddelt, daß Weihnachten früher viel schöner war.

Ostern steht vor der Tür, doch wer soll für uns sterben?
Ostern steht vor der Tür, doch wer wird sich für uns opfern?

> Ein Kind wurde UNS geboren,
> doch mit verwirrtem Herzen
> schlagen WIR es vor seiner Zeit ans Kreuz.

osterfeuer
haufen schlichten

schlichten scheite aus holz
hexen darauf
brennen sollt ihr brennen
zeichen mit hexenmalen zeichen
tragen aus eisen schlichten leichen
aus gasöfen leichen
kinder frauen männer kinder
leichen schlichten in brennöfen
zeichen mit davids stern zeichen
schlichten scheite aus holz stapeln
stapel kühe und kälber und rinder
tiere leichen zeichen brandzeichen
stapel voll europa leichen

hexenmale davidssterne brandzeichen
kälber kinder
scheiterhaufen krematorien scheiterhaufen
osterfeuer

buchen und eichen
holzscheite schlichten in europa

RÖMISCHE LITANEI
Oder:
die Kunst, im Niedergang Würde zu bewahren

Auf Leben folgt Tod, auf die Apfelblüte das absterbende Herbstlaub, auf die Hochkultur folgt der Niedergang.
Die Reiche dieser Erde sind gekommen und gegangen. Sie stiegen auf, sie standen in Blüte, sie gingen unter und zerfielen zu Staub.
Dem *Zer-Fall* und *Unter-Gang* des römischen Reiches gingen Anzeichen voraus, welche von den römischen Führungseliten nicht erkannt wurden.
Mag man, in der eigenen Zeit eingebunden, solche Anzeichen vielleicht nur schwer erkennen, so spiegelt uns ihre rückblickende Betrachtung anschaulich den heutigen Zustand der westlichen Demokratien.

VOR DEM ZENIT

ROM	Legionäre erhalten nach Ablauf ihrer Dienstzeit Grund und Boden. Als Weizenbauern nähren sie das römische Volk.
EUROPA	Bauern und Arbeiter nähren durch ihre Arbeit das Volk.
ROM	Zunehmend werden Expansionskriege geführt. Der Einflußbereich wird ausgeweitet. Machtbesessene Konsuln wie Gaius Julius Cäsar pressen die unterworfenen Völker aus und bereichern sich.

EUROPA Kolonien in Afrika und befestigte Handelsplätze in Asien erweitern den Einflußbereich. Stellvertreter der europäischen Königshäuser pressen die unterworfenen Völker aus.

AUF DEM ZENIT

ROM Aufgrund der anhaltenden aggressiven Expansions- und Eroberungspolitik strömen unzählige Sklaven auf den römischen Markt.

LONDON, BRÜSSEL, BONN UND PARIS
Der Westen verstärkt die wirtschaftliche Expansionspolitik.

ROM Auf den Privatgütern der Oberschicht werden die Sklaven zum Anbau von Weizen, Gemüse und Wein eingesetzt. Dumpingpreise, welche aus der billigen Sklavenarbeit resultieren, treiben die römischen Bauern in den Ruin. Ihren Grund und Boden verkaufen sie den für ihren Ruin verantwortlichen Großgrundbesitzern. Aus Landbauern wird der Stadtpöbel. Das Kapital liegt in den Händen weniger Patrizier. Moral und Gesetzestreue sinken.

BONN Großkonzerne verlegen ihre Produktionsstätten in Armenländer Afrikas und Asiens. Dort zerstört die spezialisierte Produktion das Gesellschaftsgefüge. Wirtschaftsflüchtlinge und Billiglohnarbeiter aus den Ostländern und Asien drängen auf den Arbeitsmarkt der europäischen Unionsstaaten. Einheimische Bauern und Arbeiter werden arbeitslos. Kapital und Aktien liegen in den Händen weniger Aktionäre. Die Arbeitslosigkeit steigt, die Liberalität sinkt.

ROM	Schreiender Cicero im Senat
BONN	Schreiender Wehner im Bundestag
ROM	Nero schreibt Gedichte
BONN	Kohl schreibt Geschichte
ROM	Nachtigallenzunge
BONN	Cola und Hamburger
ROM	Alle Wege führen nach Rom.
EUROPA	Alle Wege und Flüge führen nach Rom und Paris, London, Bonn und auch Berlin.

NACH ÜBERSCHREITEN DES ZENITS

ROM	Um den Pöbel ruhig zu stellen und unten zu halten, wird er mit Brot und Spielen unterhalten. Gladiatoren bekämpfen sich zur Belustigung des Publikums.
EUROPA	Um das Volk (und die Arbeitslosen) ruhig zu halten, wird es mit 1oo.ooo-Mark-Shows und Talk-Shows und Unterhaltungsshows unterhalten.
ROM	Gladiatoren im Collosseum, Wagenrennen im Circus Maximus

EUROPA	Big Brother in Köln Hürth, Formel 1 in Hockenheim
ROM	Daumen nach oben! Daumen nach unten!
EUROPA	Wählen Sie 0800-5678-556, wenn Sie möchten, daß Alida das Haus verläßt!
ROM	Von römischen Senatoren wird das Volk als Wahlvieh gehalten. An die Plebejer wird vor den Wahlen kostenlos Weizen verteilt. Auf die personelle Zusammensetzung des Senats hat das Volk keinen Einfluß.
EUROPA	Das Volk darf Parteien wählen. Auf personelle Besetzungen hat es keinen Einfluß. Zwei Jahre vor Parlamentswahlen wird für Arbeitslose das Arbeitslosengeld erhöht, für Eltern das Kindergeld angehoben und für Rentner die Rente. Nach gewonnener Wahl werden diese Geschenke durch Steuern neutralisiert.
ROM	Pöbel bleibt Pöbel. Bildung wird durch Privatlehrer vermittelt, welche sich der einfache Mann von der Straße oder Gosse nicht leisten kann.
EUROPA	Bildung kann von allen Bevölkerungsschichten gleichermaßen wahrgenommen werden, doch lassen das Aufkommen von Privat- oder Eliteuniversitäten neue Klassen entstehen. Cambridge und Harvard vor Dortmund und Leipzig. Internetanschluß ja oder nein?

ROM	Vom Forum Romanum aus wird durch geschulte Redner das Volk gefügig gemacht.
EUROPA	Von privaten Verblödungssendern wird das Volk ausschließlich als Quotenbringer für Werbeeinnahmen blöd-gebildet.
ROM	Reiche werden reicher, Arme werden ärmer, die Mittelschicht zerfällt.
EUROPA	Aktionäre besitzen einen Großteil des Vermögens, die Mittelschicht löst sich auf.
ROM	Lucius Sergius Catilina: Umsturzversuch
BONN	Baader, Meinhof und Ensslin: Versuch eines Umsturzes
ROM	Durch Verarmung und Sklaverei steht ein unerschöpfliches Reservoir an Frauen und Kindern zur sexuellen Verfügung. Die mögliche Erfüllung aller Perversionen erschöpft sich in völliger Dekadenz. Der Römer lebt in seinem Haus, der domus, mit seiner Gemahlin – der Herrin des Hauses – der domina. Orgien werden gesellschaftsfähig.
EUROPA	Durch Prostitutionssklaverei und Armut in Asien, den Oststaaten und Afrika steht ein unerschöpfliches Kontingent an Frauen und Kindern zur sexuellen Nutzung bereit. Die erschlafften Kapitalisten verlassen morgens ihr Haus. In der Mittagspause erschöpfen sie sich als Sklaven neuer Dominas. Abends

onanieren sie sich von der *Mini-Playback-Show* bis zu *Liebe Sünde*.

ROM   Ein Patrizier, der einen Plebejer bestiehlt, riskiert wenig. Ein Patrizier, der Sklaven oder Sklavinnen oder Kinder von Sklaven vergewaltigt und mißbraucht, riskiert nichts.

EUROPA   Wer Frauen vergewaltigt oder Kinder mißbraucht, wird als Opfer seiner eigenen Vergangenheit betrachtet und bekommt Therapeuten, Resozialisierungsspezialisten und Sozialarbeiter vom Staat gestellt. Eine frühzeitige Haftentlassung ist üblich.

Wer allerdings Verbrechen gegen *das Kapital* begeht, stiehlt, Banknoten fälscht oder gegen Banken vorgeht, macht sich eines unverzeihlichen Kapital-Verbrechens schuldig und erhält Höchststrafen.

ROM   Angst vor den Barbaren aus dem Norden. Friesen und Goten, Franken und Sachsen

EUROPA   Angst vor Asylanten aus dem Süden und Osten, Russen und Albanern, Negern und Muslimen

ROM   Rubicon
EUROPA   Oder-Neiße

ROM   Die von Rom besiegten Barbaren werden gezwungenermaßen mit überlegenen römischen Kenntnissen – den Kriegsstrategien, Latein und Verwaltung – konfrontiert. Diese

	Kenntnisse wenden sie gegen das von Dekadenz geschwächte Rom an. Sie unterhöhlen Rom und besiegen es mit römischen Errungenschaften.
EUROPA	Die vom Westen wirtschaftlich besiegten oder dominierten Völker des Ostens und der Dritten Welt werden mit der Macht der Aktie, den Finanztricks, Beeinflussung mittels Medien und den Schwächen der Demokratie konfrontiert. Hungrig und in englischer Sprache wenden sie ihr neues Wissen im verweichlichten ausgehöhlten Westen an.
ROM	Die geschwächte, ausgehöhlte römische Oberschicht hält dem frischen, kräftigen Druck der Barbaren nicht stand. Einfache Arbeiten werden von Sklaven verrichtet. Die Befehlsgewalt über die Armee wird zunehmend an *zivilisierte* Barbaren aus dem Norden abgegeben. Rom vermodert aus sich heraus; aus seinem Zentrum. Das römische Reich wird nord-erweitert.
EUROPA	Die Gesellschaft ist zu ausgehöhlt und geschwächt, um dem Druck der neuen Gewalt aus dem Osten standzuhalten. Um nötige Arbeiten ausführen zu können, müssen für niedere Arbeiten Putzfrauen aus dem Nahen Osten, für technische Aufgaben Greencard-Computerspezialisten aus dem Fernen Osten importiert werden. Damit der Osten den Westen nicht überrollt, wird die Nato ost-erweitert.

ROM	Die Prätorianergarde besteht zunehmend aus Barbarenkriegern.
	Die Prätorianer tragen gewölbte Schilder mit den Blitzen Jupiters. Ihre Funktion ist der Schutz der Machthaber vor dem eigenen Volk und eigenen, aber bestechlichen oder revoltierenden Truppen.
EUROPA	Prätorianerbodyguards und Schwarze Sheriffs schützen Wirtschaftsbosse und Volksvertreter vor dem eigenen Volk.
	Polizisten tragen Schilde. Die Blitze Jupiters sind zu Hartgummigeschossen geworden.
ROM	Nero Claudius. Rom brennende Stadt; brennende Christen.
	Ein Meer von Flammen, ein Meer von Rauch. Das Volk schweigt!
EUROPA	Adolf Hitler, Hiroshima, Leopold II. und Baudouin von Belgien im Kongo, Frankreich in Algerien, USA über Vietnam. Juden, Neger, Asiaten und Araber. Reichstag brennt. Juden im Brennofen, Vietnamesen in Napalm. Japaner auch.
	Ein Meer von Flammen, ein Meer von Rauch.
	Das Volk schweigt!

Unsere Welt, unser Leben ist dem Gesetz der Polarität und der Bewegung unterstellt. Diesem Gesetz folgend, gingen und gehen alle „Hochkulturen" unter. So auch wir.
Wir stehen erst am Beginn des Niedergangs. Unser sozial

verwöhntes, gegenüber schwachen Staaten arrogantes Volk und unsere gesättigten Regierungsmitglieder werden auch weiterhin nur den eigenen Geldbeutel, den eigenen Besitz, die eigenen Ängste und die nächsten vier Regierungsjahre im Blick haben.
Nicht, weil sie böse, sondern weil sie Menschen sind!
Vordenker, waghalsige Intellektuelle und gediegene Vorbilder gehören der Vergangenheit an.
Rufer in der Wüste, ob es sich um die Verarmung und die durch sie hervorgebrachte Verrohung, den Rechtsextremismus oder die zunehmende Leere der von uns erzogenen Jugend handelt; Warner bleiben ungehört.

Nachdem die verschiedenen Katastrophen und Skandale sich einstellen, zu deren Verhinderung weder Politiker noch Journalisten durch Aufklärung oder Hinweisung beigetragen haben, ergießen sich Politiker in Mahnmalreden, Lichterkettenumzügen und Gedenkgottesdiensten. Journalisten berichten darüber in weihevoller Selbstbeweihräucherung und erkennen durch den Nebel des Weihrauchs hindurch gerade noch ihr Namenskürzel unter oder vor ihrem Artikel.
Unsere Arroganz und Blindheit wird uns vom hohen Roß holen. Ein hohes Roß, von dem wir ohne unsere Dritte-Welt-Steigbügelhalter längst gefallen wären.
Wenn der Zenit überschritten wird, beginnt die Zeit der Steigbügelhalter. Langsam und kaum beachtet, aber stetig.
Dies ist der Lauf der Geschichte der Zukunft.

Der Westen hat seinen Zenit überschritten. Es geht abwärts. Eine Chance für jeden Menschen des Westens: Denn im Niedergang fällt ab alle Aufgeblähtheit.

In solchen Zeiten des Umbruchs entscheidet jeder Mensch, ob er sich bei Popcorn im Sofa festklebend verblöden läßt oder seinen – persönlichen – Weg in dieser Welt sucht und Mensch wird.

Am Scheideweg.

Alle Wege führen nach Rom. Alle Wege führen aber auch von Rom weg.

GERMAN MICHL
and
TYROLIAN JOE

We love You all

Afrika,
wir senden dir unser Wertvollstes:
unsere Wertstoffsäcke.

Rußland,
wir geben dir was Besonderes:
unseren Sondermüll.

Asien,
wir wollen deine Entwicklung
mit Geld vorantreiben:
laß es uns dafür
mit deinen unterentwickelten Kindern
treiben.

DIE NATO-OSTERWEITERUNG

Der Osten hat sich geöffnet,
der Westen hat das Geld.
Ihr glaubtet, wir würden Euch helfen,
doch nichts ist umsonst auf der Welt.

Ein paar Jahre werden wir warten,
bis Euch der Hunger quält.
Wir warten ... gemütlich ... im Garten
Der kurzgeschnittene Rasen,
Sahne und Yoghurt,
Baguette und Hühnerschenkel im Bratensaft.
Ein Pils nicht zu vergessen.
Verfressen
sind wir, verfressen,
fett, feige und feist.
Schlaff unsere Schwänze geworden,
beim Raffen nach Gold und nach Geld.
Wir
brauchen nicht Weiber in Betten,
wir ge-
brauchen die Kinder der Welt.

Die Ehefrau ... ist nur Staffage,
mit Perlengeschmeide behängt,
mit Mercedes und eig´ner Garage.
Die Liebe von Aktien verdrängt.

In uns ist der Trieb aller Triebe.
Selige Kinderliebe.

Wir werden Euch alles nehmen,
die Kinder,
die Huren,
das Brot.

Der Osten hat sich geöffnet,
und wir,
wir kaufen Euch tot.

Aber:
Wenn wir Euch fleißig vögeln,
könnt Ihr Euch bald
Euren eigenen IKEA-Teppich
kaufen.

Die Russenhure
NATASCHA M.

die russenhure
Natascha M.
ist schwanger   - die blöde nutte -

hat sich
anstoßen lassen   - die blöde nutte -

im puff,
in düsseldorf -

waren die vorhänge rosa
und die tapeten rosa
und die bilder rotbraun -
vor rauch,
weiße tennissocken von freiersfüßen
roch sie auch -
den schweiß und den mief und die angst
auch

NEU, NATASCHA, 19
für liebhaber
für feinschmecker
für genießer des außergewöhnlichen
NEU, NATASCHA, im 2. Monat, 19

wer will noch mal
wer hat noch nie -
eine schwangere gevögelt

auf wabbelndem bauch
federt sich gut
jeder stoß
von deutscher manneskraft -

federt sich gut
auf jungem blut - in -
jungem blut

von muttern dahingerafft
deutsche manneskraft
hier
in der hure
hier darfst du dich endlich austoben
kannst du endlich zeigen, was wirklich in dir steckt

Als sie im 7. Monat war, wurde Frau Natascha M. abgeschoben, weil sie sich ohne gültige Aufenthaltserlaubnis, wenn auch gegen ihren Willen, in der Bundesrepublik Deutschland aufgehalten hatte.
Die Männer, welche sich in ihr aufgehalten hatten, sehen der Abschiebung in den Pro 7 Nachrichten zu.

Zusammen mit Muttern am Sonntag, bei Kaffee, Kuchen und Sahne.
„Oh Gott, mein Junge, was sind das nur für Männer, die sowas tun? Was sind das nur für Männer?"

IM SÉPARÉE küßt eine Lady einen Leopard
aus Stoff
und wartet sich auf Kunden
der bringt ihr seinen Steifen und ein Geld
sie immer noch ihr Steifftier hält
in schlanken Fingern

ach wie schön -

        zu wissen, daß durch geile weiße
        Steife
        ein Geld fließt
        wie ein Samen
        in die dritte Welt
        zum Kauf von deutschem Steifftier
        sehr geeignet
        und so ein deutscher Schwanz
        den deutschen Arbeitsplatz erhält

        im Séparée küßt eine schwarze Lady
        ihren Leopard
        und kuschelt ihn und knuddelt ihn
        als wär´sie noch ein Kind

        als wär´sie noch ein Kind

        und ist sie doch schon 15 Jahr´

Anm.: Prostituierte werden in Kenya Ladies genannt.

Fettfeig In Mombasa

Schwarze Ebenholzelefanten auf deutschen Wohnzimmerfernsehern machen sich dekorativ.
Schwarze Ober in Touristenhotels sind sogar noch dekorativer.
Ach, deutsche Romantikerseele, ein Hauch von „Out of Africa" zieht durch Dein Herz.
Neckermann macht´s möglich.

Früchte aus dem Negerland.
Maskenkunst als Geldanlage.
Schnell noch eine billige Skulptur erstanden,
bevor wir ihre Kultur ganz vernichtet haben.
Nach Dezimierung steigt der Preis. Marktgesetze!

Österreichischer, deutscher, schweizer Kleinbürger,
manch einer
liebt die Exoten im Ausland,
nicht aber die Ausländer im Inland.
Jedoch, er liebt mitunter sehr die Thais,
die kleinen, schmalbrüstigen,
die enggebauten;
liebt er, weil er dann größer ist.
Im Jahr darauf,
fliegt er nach Afrika, Negerinnen ausprobieren.
Die großbrüstigen mit den schönen Rastalöckchen.
Ist mal was anderes als die Lockenwickler-Gelockte zu Hause.
Und das Wichtigste ist, da kriegt man noch was für seine Mark.

weiß
fett
und feige
und feist
hoffärtig und eingebildet
ohne jede gnade der höflichkeit

und
vollgestopft mit den nichtigkeiten
ihres armseligen arbeiter- und angestelltenlebens
hängen sie ihre bierverseuchten schwänze
in
naturbelassene schwarze weiber
die
noch nicht
durch ein leben im geordneten land
ihrer lust verlustig gegangen

so sind die weißen freier unfreier als die huren

im morgengrauen
beim bumsen
in afrika

SOMALIA-HURE im KENYA-LAND

Somalia-Hure im Kenya-Land
hast auch schon bessere Träume gekannt

Träumtest vom Satt-Sein
Vom vollen Bauch
Und den hast du jetzt auch
Dicker Bauch
Voll von Sperma vom weißen Mann
Voll von wohlgenährtem Samen
Voll von Baby
Ohne Vaters Namen
Voll von AIDS
Das bist Du jetzt auch
Denn ohne Gummi, mußtest Du auch

Und so rächst Du Dich auch
Gibst Dich billig jetzt hin
jedem Weißen der will
Deine Erreger
den Erregten
schenkst Du lächelnd dazu
Kranke Hure Du

Auge um Auge
Same um Samen
Rache der Armen

Somalia-Hure
im Kenya-Land

MOND ÜBER AFRIKA

Wie die Nacht den Mond hüllt
so hast auch Du mich
umfangen
in dunkler Nacht
als die Taxis schliefen
und das Vergessen zu mir kam
in dunkler Nacht

wie der Tod kommt
unerwartet
leise und unerkannt
so kamst auch Du
mit leeren Händen
nur Dich selbst bringend
wie der Tod

wie ein Tanz vor dem Abgrund
bist Du
und Deine Finger schnippten
und Deine Hüften weich
und Deine Brüste bebten
so nah vor mir
wie ein Tanz vor dem Abgrund

So wie ein Löwe seine Löwin hält
mit sanftem Biß
so hast auch Du
mit Deinem Schweigen mich gebissen
und Deine tiefen Augen
drangen tief in mich
so wie ein Löwe seine Löwin hält

In dunkler Nacht dann
wenn das Schweigen hüllt den Mond
und Deine Augen
tief wie Löwentatzen
sich ihre Liebe blutig in mir tanzen
werd ich ein bißchen schrei´n
es tut so weh

Dein Mund wird leise küssen
wie die Tränen

In dunkler Nacht Dein Bild mich hält

DREI GESÄNGE VOM BLUT

DIE KLEINE HANNAH

Ich bin die kleine hannah
mit langem blonden haar
ich hab ein rotes kleidchen
so schön
so sonderbar -

das rot mag ich nie mehr
es trägt so schwer
so schwer

Im wald dann eine motorsäge
sie wurde abgestellt
und papa dann, der liebe
der hat was angestellt

Er lag gut drauf
und ich spürte das auch -
nein nein nein
ich fürcht mich gar so sehr -
daß ich die hannah, kleine hannah bin -
das mag ich gar nicht mehr

Ich habe oft die flackerei in seinen augen
nicht geschaut
und saß auf seinem schoß
voll komischem gefühl und aber stolz
ich spürte immer, daß ich mehr ihm war
und brachte selbst mich so
zum opfer dar -

im wald
als brautaltar

da geh ich nimmermehr da hin
weil ich die kleine hannah bin

Ich wollte immer schon ein brüderlein
ein brüderlein, das wär so fein
der wär bei mir
immer
        im wald
und im zimmer, -
nie allein
ach wie fein
könnt´ein brüderlein mir sein

Jetzt ist es vorbei
bin
keine kleine hannah mehr
schlafe mit hose
und socken
und pullover
im bett

mit männern da bin ich wohl nett
im bett

so wie ich immer war
immerwar und immerdar
im wald
als brautaltar

Ich war noch so klein
trotzdem zwang er ihn rein
trotzdem macht´er mich tot
und mein haar war so blond
und mein haar ist jetzt rot

DER LEGO-RITTER

Es hat nur eine frau mir meine grenzen überschritten
ich war so klein
der ritter noch so unberitten

Das schwert lag blank
war klein und rein und klar
ich nahm das eisen
bracht´ das schwert zum opfer dar
und baute einen käfig um die ganze welt
so fein aus worten
wie nur spinnenweben opfer hält

Ich sperrte vieles aus
dann immer mehr
der käfig ist kein freund
er hilft nicht mehr
der käfig war zu groß
ich blieb zu klein
zu vieles sperrt´ich aus und blieb allein

Zwei augen blickten fragend in die welt
zwei augen schrein
damit der mund das schweigen hält
ein mund
voll gier voll reden
wenn worte kommen muß ich mir was regen

Ich bin ja nur ein kleiner braver Legoritter
dem große seine burg mit lust zerstören tun

ich weine nicht
ein bißchen möcht´ ich schrei´n es ist
ein bißchen bitter
das große nie die kleinen augen schreien hör´n

Komm zurück mein vater
komm zurück als vater

mein zauberschwert
muß ich gezückt tragen
die klinge
wird schmutzig
meine scheide
habe ich verloren

Die burgfräuleins haben mich im schutz gefangen
die burg von altem efeu nur gehalten wird
und grüne eulen singen nacht für nacht mir mut
auf einem turm
vor meinem kleinen ritterherz

DEUTSCHE BLUTARMUT ...

Frei nach Seite 213
Duden Mannheim 1973

Deutschland
Deutscher Duden
Deutsches Blut
Deutsches Blutgefäß
Deutsche Blutkonserve
Deutscher Schäferhund
Deutsche Blutarmut

Deutsche Blutbuche
Deutscher Bluter
Deutsche Blutgruppenuntersuchung
Deutscher Bluthund
Deutsche Blutvergiftung
Deutsche Blutkonserve
Deutsche Blutarmut

Deutsches Blutplasma
Deutsche Blutwurst
Deutsche Blutprobe
Deutscher Blutrausch
Deutsche Blutsauger
Deutsche Blutarmut

Deutscher Blutzoll
Deutsche Blutsverwandte
Deutsche Blutschande

Deutsches Jungfernblut
Deutscher Blutstropfen
Deutsches blutjunges Mädchen
Deutsches blutsverwandtes Jungfernblut
Deutsches Blutschandenjungfernblut
Deutscher Blutzoll
Blutarmut

Deutsches Gericht
Deutscher Freispruch
Deutsche Tränen im Morgengrauen
am Tag
in der Nacht

... UND ...

Österreichischer Kaiserschmarrn
Österreichische Kaisersemmel
Österreichischer Kaiserschlegel
Österreichische Kaiserschöberl
Österreichischer Kaiserwalzer
Österreichischer Guglhupf
Österreichische Blunzn

Österreichischer Charme
Österreichische Arschkriecherei
Österreichische Unterwürfigkeit
Österreichische Lust an der Unterwürfigkeit
Österreichische Deutschösterreicher
Österreichischer Heldenmut am Heldenplatz
Österreichische Schicksalsergebenheit

Österreichischer Topfenstrudl
Österreichischer Lungenstrudel
Österreichisches Lungenhaschee
Österreichischer Jungfernbraten
Österreichische Nieren mit Hirn
Österreichisches Kalbsbries
Österreichische Ehre

Österreichisches Wos soll ma denn scho mochn?
Österreichisches Wos kaun man denn schon mochn?
Österreichisches Do kaun ma sowieso nix mochn
Österreichisches Do hätt i sowieso nix mochn kenna
Österreichische So schlimm is bestimmt ned gwesen
Österreichisches Do is no ni jemaund draun gsturm

Österreichisches Ma kaun scho a bisl wos aushoitn
Österreichisches I hob a fü aushoitn miasn
Österreichisches Wos glaubns wos i ois duachgmocht hob?
Österreichisches Hauptsoch ma is gsund

Österreichisches Deïs orme madl tuat ma jo so lad
Österreichisches Wea hed den docht, das da eigene vota ...
Österreichisches Ma kaun hoid in niemaund reinschaun
Österreichisches I hob ima scho gsogt, do stimt wos ned
Österreichisches A schaund das nimaund wos gsogt hod
Österreichisches Ma hätt ni so laung zuaschaun deafn
Österreichisches Di leit stöin si hoid imma blind
Österreichisches I hob jo imma scho gsogt, ma deafad ned
    wegschaun
Österreichisches Owa ...
Östtereichisches Gaunz schuidlos wiads a ned gwesn seï
Österreichisches Schauns amoi, wia deï scho ausschaut

Österreichisches Es kummt hoid wias kummt
Österreichisches Ma kaun si jo ned in ois eïmischn
Österreichisches Es vageht ois
Österreichisches Ma kaun jo ni wissen wofias guat is

Österreichisches Da heagott im hümmi siacht ois
Österreichisches Da heagott im himmi was wos a tuat
Österreichisches I bin a nua a mensch
Österreichisches Jesusmaria, jetzt hed i fost is weidakochn
vagessn

Österreichisches Wos gibt's denn heït guats?

.... ÖSTERREICHISCHEN LUNGENSTRUDL

MUTTERTAG

Hänschen klein ging allein in die weite Welt hinein. Stock und Hut stehn im gut, er ist wohlgemut.
Aber Mutter weinet sehr, hat ja nun kein Hänschen mehr, da besinnt sich das Kind und kehrt heim geschwind.

LITANEI VOM MUTTERTAG
oder:
Weshalb Mutter kein Hänschen mehr hat,
wenn sich dieses in der weiten Welt wohlfühlt

„Wenn ich schon so viel für dich tue, hab ich wohl auch das Recht, mich einzumischen, oder glaubst du, du schaffst das alleine?! Ich mach das doch alles, weil ich dich so lieb habe.
Hast du die Mama auch lieb?
Weißt du, der Papa hat dich ja gleich lieb wie die Mama, aber als Mutter vergesse ich nie den Moment, als du unter großen Schmerzen auf die Welt gekommen bist. Da hast du kleiner Schlingel mir sehr weh getan. Aber das verstehst du ja nicht.
So was kann ein Mann nie verstehen."

„Ich habe auch Ideale, aber da ist auch noch der Haushalt und dein Papa."

Mitten unter dem Aufräumen von deinem Zimmer sagt sie: „Du könntest ruhig sorgfältiger sein.
Glaubst du, ich räume dir ewig hinterher?"
Dann bügelt sie deine Wäsche, sucht einen Ersatzknopf für dein Hemd, näht ihn an, räumt deine Socken weg und zaubert noch schnell eine Kleinigkeit zum Essen. „Von gestern" – sagt sie, „ich dachte du kommst – aber du bist ja

nicht gekommen, und dann ist es natürlich wieder übriggeblieben." Mehr sagt sie nicht, nur ein kurzer weidwunder Blick, der aus dir einen Gefangenen des schlechten Gewissens macht.

Mutter opfert sich gerne für dich auf.
Das Mutter-Theresa-Syndrom.
Sie braucht ein schwaches Opfer, um sich selbst stark zu fühlen.
Sie kann kein eigenes Leben leben.
Wenn *du* stark wirst, wirst du das Gefühl bekommen, *ihr* die Stärke zu nehmen.
Was bleibt ihr, wenn du Du bist?

„Wo bist du, geh nicht zu weit weg, wann kommst du wieder, wer ist das Mädchen, was machen ihre Eltern?
Was ist das für ein Buch, von wem hast du das, dreh´die Musik endlich leiser, du ruinierst dir noch die Ohren, wie kann man bei dem Lärm überhaupt lesen, sag mir später nicht, ich hätte dich nicht gewarnt, hast du schon überlegt, wann möchtest du, zieh´dich wärmer an, wie geht es dir, hast du noch Schnupfen, ist weniger geworden, nimm dir doch lieber noch ein paar ‚Tempo‘, beeil´ dich, sonst kommst du, immer kommst du zu spät, später ist auch noch Zeit, schau mich nicht so an, immer schaust du mich so an, ich mein´es doch nur gut mit dir, andere wären dankbar, wenn sie soo eine Mutter ..."

„Immer hab ich zu dir gehalten, alles hab´ ich für dich getan, alles hab´ich für dich aufgegeben. Du könntest ruhig auch mal dankbar sein!"

„**Immer habe ich zu dir gehalten, und woher kennst du eigentlich die ...?**
Es geht mich ja nichts an, aber ...
Du kannst ja machen, was du willst, aber ...
Irgendwann geht jedes Kind aus dem Haus, aber ...
...und überhaupt, solange du hier wohnst, aber das ist dir ja egal, aber ...
Weihnachten hättest du wenigstens ..., Papa war sehr traurig, er würde das ja nie sagen, wenigstens eine Karte, und wenigstens zum Muttertag hättest du wenigstens eine Karte, ich halte ja nichts davon, aber ...
Ein Telephon war wohl in der Nähe, andere können das ja auch und was glaubst du, wie oft ich Sachen machen mußte, mir macht auch nicht alles Spaß, und so haben wir dich nicht erzogen, und mit dir war es auch nicht immer leicht, aber das interessiert dich ja nicht, **aber du wirst schon sehen, wie das ist, wenn du eigene Kinder hast!**"

*

Und wenn sie dich fertigmachen will, kramt sie die alten Photos raus.
„Sieh mal, wie klein du mal warst.
Da warst du noch lieb!"

Sie träumt die alten Zeiten zurück, und dir bleibt Zeit deines Lebens ein schlechtes Gewissen, daß du dein eigenes Leben führst: im Angesicht des schlechten Gewissens.

ZWEI KÖNIGE
UND EIN STEINBOCK

EIN KLEINER KÖNIG

Ob ich wohl jemals flügge werde?
ob meine schwingen sich erheben hoch im wind?
die leichengründe meiner seele öffnen sich
und rauschen
ein neuer duft zieht ein in meine kleine welt
ein duft, den ich noch kenn´ aus kindertagen
ein duft nach heu und weißer nonnenhaut
ein duft wonach nicht beichten fragen
weil auch nicht beichten solche düfte anvertraut

Ein kleiner könig war ich
unter bäumen
ich zog durch sie
im leben und in träumen
ich kannte viele äste
und die rinde
von buchen und platanen
persönlich
von lärchen und tannen
und einem sauren apfelbaum

ein kleiner könig unter einem blätterdach
ach
hätte ich gewußt, daß härte zählt im leben
hätte auch ich frösche aufgespießt
wie die andern
und die mädchen
nach der turnstunde

wie manche der andern ...
einen haselnußstecken in der hand
keinen strauch abschlagend
unter den blättern
der hainbuchen
unter lehmfarbenen schwarzkiefern
hinaufklettern
auf alle
ohne furcht
ich gehöre dazu
ich
gehöre zu den bäumen

kiefern auf kalkstein festgekrallt
unter ihnen hundert meter tiefe
vor einem abgrund stehen ist eine leichte sache
auf einen baum klettern der über die schlucht hängt
ist eine denkpause

mag sie mich
oder
wird sie mit mir abbrechen?

oben auf dem baum
über der schlucht
wird dir ganz anders
vor angst
dann
vor dem gefühl ein vogel zu sein
und wider deinen willen springen zu wollen
fast
beginnst du zu zwitschern

später versuchst du eine berufsausbildung
und bist krankenversichert
jetzt kann dir nichts mehr passieren
auch nicht über schluchten

mit krankenversicherungen
sitze ich an teichen
weil die berge weg sind
und ich bin lebensversichert wie schön
die frösche haben immer noch nichts zu befürchten
ich tue nichts so wie ich niemals etwas tat
ich fress´ in mich die ganz normalen rtl-programme
und auch mein geist ist mir für alle schweinerein dieser
welt nicht mehr zu schad´

die berge sind verkauft für ein paar märker
die lifte rasen hoch vom tal
die täler in den bergen werden immer stärker
die luft der täler schmeckt so schal

tirol tirol
du fehlst mir so in allem was du bist
die sprach
die gier
der stolz
und deine strengkatholisch züchtig-geilen leiber
seitdem ich lebe buhle ich um deine gunst
tirol du bist mein tod wenn ich noch länger bleibe
tirol tirol
ich hasse dich weil du nicht rufst
und mich vergißt weil du so bist
tirol

es ist ein tiefer sinn in meinem leben
ich zahle für die rente und den staat
ich zahle für den hollandkopfsalat
ich zahle für tomaten die nach nichts mehr schmecken
ich zahle für beton an allen ecken
ich zahle für ein volk das feiger ist als die geschichte
ich zahle für ein volk der klugen richter
ich zahle auch für mich
wenn ich nicht endlich sage was ich sehe
ich hau es jetzt in worte holz und bild
ich bin ein zäher steinbock
ich gehe der sonne entgegen
ich bin der großmeister
der suchenden kuhglocken

tirol
du bist mein heimatland
weit über berg und tal dein echo schallt

LITANEI VOM ERDENKIND

Lux lucet in tenebris
Cælum cæli Dominus
Das Licht scheint in der finsternis
Dem Herrn gehört der hohe himmel

ich
bin der gekreuzigte nicht
der eingeborene sohn nicht
nicht unbefleckt empfangen
nicht licht vom licht
lumen de lúmine
nicht Gott von Gott
Deum de Deo
nicht vom Heiligen Geist angekündigt
nicht von johannes getauft

keine weisen an meiner krippe
kein ochs an meiner krippe
kein esel an meiner krippe
keine hirten
an meiner krippe
erschien
kein stern

gezeugt nicht geschaffen
wurde ich auch
unbefleckt ohne flecken

meines vaters samen
nicht auf linnene laken vergossen
in meiner mutter schoß

angekündigt von großmutter maria
geboren aus der anna leidl
im haus des kleinbauern josef
und seinem dorfschönen weib maria
zur welt gekommen
im duft nach heu
holz und schweiß
gelitten unter dem vater
aufgewachsen im schwesternkloster
duftend helle weiße haut
unter schwarzversteckter jesusbraut
immer nahe

von johannes nicht getauft
vom teufel versucht
wurde ich auch

Confiteor Deo omnipoténti
beátæ Mariæ semper Virgini,
beáto Michaéli Archángelo
beáto Joánni Baptistæ
sanctis Apostolis Petro et Paulo
ómnibus Sanctis et tibi pater
nicht lumen de lúmine
licht vom licht

mea culpa mea culpa
mea máxima culpa

ich bin vom kreuzweg verfolgt
ans flache land genagelt im land der dichterdenker
folg´ ich dir nach
auf schweren lehmböden

an hohem kreuze
häng´ ich nicht
wie Du
ich
bin über mir ist der himmel voll dreck und staub
unter mir die erde unter regenwurmverfestigten asphalten
dicht wie bleiplattenschurze
beim röntgen
werde ich nimmer dazwischen sein
zwischen erde und himmel
wurde ich gekreuzigt
weihrauchgeschwängert
von kindheit an
nagelten sie an mir herum
lehrer und zöllner
an der bundesstraße nach kiefersfelden
nagelten die ausbilder und offiziere und allerlei andere
menschen
im österreichischen lande und im deutschen auch
wurde gehämmert und geplant und geflickt
und formulare ausgefüllt
und zwischendurch viele andere kreuze gemacht
an anderen
sah ich sie auch

(Und dann gehen sie hin in ihre märkte und kaufhallen,
wochentags und samstags und allen verkaufsoffenen tagen,

alleweil und immerdar, um sich ihre leeren herzen vollzustopfen mit tand und manchen waren, die happy machen und beglücken die konsumenten.)

schneerosen sind zartblütige gewächse

Wer Dir nachfolgen will, muß sein kreuz auf sich nehmen. wer durch die dunkelheit geht, kommt zum licht. wer zum licht will, muß durch die dunkelheit gehen. Cælum cæli Dómine. Iesus Lichnam, heller Leib. schneerosen sind zartblütige gewächse.

im wald ein häuschen, ein knusper-di knusper mit lärchenschindeln und meiner kuh im wald geh ich spazieren, durch die bäume und die sonnen von oben und die hörnerabschneider und milchförderer und ochsenmacher und genzüchter und ein paar andere jäger vor dem wald sterben an ihren verzüchteten seuchen.
und wir beide
die kuh und ich wir danken dem herrgott für seine gerechtigkeit, daß alle sünder, alle, die das fressen, alle krank werden und krepieren an kreuzfeld jakob und es solcherart ja eine gerechtigkeit gibt, die anders ist als bei den belgischen kindervöglern oder den unionseuropäischen thailandkinderliebhabern, die man aus gründen der gründlichkeit strafverfolgt, aber nicht leicht findet.
kreuz, feld und jakob. ehre sei gott in der höhe
und auf dem feld
und dem heiligen jakob auch.

im wald ich und mein liabste kuh,, mit ana klockn di leit und leit und mit mein steckn laungsam übers moos den

berg aufi, bis ma vuarn gipflkreiz stehbleibn und mei kuh
sia hilegt und i steh nebn ia und dem gipflkreiz wia da
moses aufn wilden kaisergebirge.

Quia Dóminus regnávit a ligno (Daß der Herr vom Holz
herab regiert) ist ein Geheimnis im Licht.

da jesus am kreiz schaug auf die kuh, welle eam z´fias ligt,
und find des büdl guat, weil eam d'kua an sei geburt
erinnat im stoi, obgleichs domois a ochs woa, die kua
reibtt si an seine rauen kreizigtn haxn und find des a guat,
weils juckn aufheat, und i steh neban die zwa und vasuach
wia ana auszschaugn, wella mit ana kuh auf an berggüpfi
bei an güpfikreiz steht.

Di stern hoast stern, weils an braunen stearn übam linkn
aug hod.
da Iesus hoast nochn kreizigtsein Christus
am berg gibt's koa sünd
leï an hergott a kua und a
menschenkindeï

ohne finstan koa liacht
ohne Finsternis kein Licht

ich nehme das kreuz auf mich,
die antiquitätenhändler in rosenheim zahlen gut
wer nicht sein kreuz auf sich nimmt,
ist meiner nicht wert sagt der herr
mehr als 1000 kann ich nicht geben,
sagt der rosenheimer, wegen dem risiko

wer sein kreuz nicht nimmt und sich selbst verleugnet, ist
meiner nicht würdig,
sagt der herr, der schon für dreißig einmal verkauft wurde

ich nehme das gipfelkreuz auf mich
auf meina schüita is kreiz
und meina kuh an da seitn
steig-ma wida aufi zum güpfi
wo da hümmi wohnt

schwa is da herr

obn am berg
diesseits und jenseits
Lumen de lúmine
Licht von Licht

SIEBEN
MISZELLEN

ROT, WEIß und SCHWARZ

Wir begegnen diesen drei Farben und ihrer speziellen Wirkung auf den Menschen im europäischen Kulturraum, in Afrikas Maskenkunst, der japanischen Kalligraphie und Lackkunst bis hin zur heutigen Aktphotographie. In Zentraleuropa und England wird uns in Mythen und Sagen auch eine Reihenfolge überliefert.

Die Farben der Frau sind Weiß, Rot und Schwarz (Schneewittchen: weiß wie Schnee, rot wie Blut und schwarzhaarig wie Ebenholz).
Die Initiationsfarben des Mannes sind Rot, Weiß und Schwarz (Eisenhans, Iwan Zarewitsch und der Feuervogel, oder auch Parsival der Ritter, auf einem Fuchs in roter Rüstung, Schimmel in weißer Rüstung und einem Rappen in schwarzer Rüstung).

Das junge Mädchen beginnt seinen Weg im weißen Kommunionskleid, jungfräulich, in Un-Schuld. Sie geht weiter über den roten Weg des Krieges und der Liebe zur Menstruation, der Monatsblutung. Rote Lippen wollen geküßt werden. Die Zerstörung der Un-Schuld, die Ent-Jung-ferung; die Mutterschaft weist den roten Weg nach dem Ablegen des weißen Brautschleiers.
Im Alter angekommen, als schwarze Matrone, als weise Frau, findet sie Erfüllung. Keine Farbe begehrt sie mehr. Das Schwarz kommt im Lichtkreis der Spektralfarben nicht vor. Als weise Frau hat sie gelernt, ihre Schatten zu leben. Schwarz gilt ihr als Symbol der Erfüllung. Innen gefüllt vom Licht, das von oben und innen kommt; außen

umgeben von Dunkelheit, dem Leben auf der Erde in der Polarität.

Der junge Mann beginnt seinen Weg mit dem Rot des Kriegers, des unreifen Kriegers mit den zerschundenen Knien, der Wutröte, der Schamröte, des Streiters um des Streites willen. Er muß sich die Hörner abstoßen und bluten, um die weiße Kuh in sich zu entdecken.

Arrogant, unsozial und cool kommt er aus der Pubertät und wird zum weißen Kämpfer, zum heiligen Georg in weißer Rüstung auf weißem Schimmel. Immer noch in Rüstung und bewaffnet, weil er voll Schwäche ist. Noch ist er nur stark, wenn er kämpft. Diesmal für das Gute.

Im Kampf gegen den dunklen Drachen lernt er seine eigenen dunklen Seiten und Schatten kennen. Der Drache ist nicht böse. Sein Fauchen ist verständlich.

Wir Männer lachen mit, wenn unsere kleinen Rittersöhne großspurig mit den Waffen rasseln. Wir lachen mit, weil wir es kennen, weil wir es erst nehmen, und weil wir es nicht zu ernst nehmen.

Wohlbemerkt: mitlachen, nicht belächeln, nicht über ihn lächeln, wie es manch sandkastenbegleitende Mutter gerne tut.

Wir (er)kennen den Drachen wieder und finden uns in ihm. Das Finden und Erkennen erlöst den Mann und führt ihn zum schwarzen Weg. Zu Fuß muß er ihn gehen.

Auf diesem Weg wird der Mann vielen seiner Schattendrachen begegnen. Alle wird er erst fürchten; die nackte Angst, verzehrt zu werden; er wird lernen, sie anzusehen, und er wird sie in sich wiederfinden, wenn sie ihm vertraut geworden sind. Innen wird er Licht sein, außen Dunkel. Himmel und Erde. Mann und Frau. Lichtschatten Gottes.

Auch im Christentum begegnen wir diesen drei ausgewählten Farben. Weiß der bleiche Leib, die Leinenbinden, mit denen Jesus im Grab umhüllt war, der weiße, lichte Heilige Geist und der Engel, welcher den Frauen im Grab des Josef Arimatäa erschien.

Rot, das Blut der Geburt, Beschneidung, Geißelung, Dornenkrone, Kreuzesnägel und der Lanzenstich nach Christi Tode.

Das Schwarz umgibt Jesus. Niemals aber wird er selbst Schwarz sein.

In der Dunkelheit der Nacht wird er geboren, doch die Sterne leuchten ihm. Der dunkle Herrscher begegnet ihm in der Wüste, doch die Sonne brennt grell. In dunkler Nacht betet er in Gethsemane zu seinem Vater, und ein heller Engel erscheint ihm. Finsternis kommt über das Land, als Jesus am Kreuz hängt, aber es kommen auch gleißende Blitze.

Jesus IST das reine Weiß. Das Rot kommt von den Menschen zu ihm. Das Schwarze, Dunkle umgibt ihn.

Am Beispiel von Jesu blutigem Weg zum Kreuz, der schwarzen Nacht bei seiner Geburt, dem Engel des Herrn, der nach der Auferstehung wie ein Blitz in einem Kleide weiß wie Schnee erscheint, läßt sich *ansehen*, in welcher Weise die Menschheit über Jahrhunderte hinweg Wissen auf zweierlei Arten weiterzugeben vermochte.

Die allgemein bekannte Art ist die erzählte oder schriftlich überlieferte Geschichte. In ihr werden uns zwar relevante Fakten *vermittelt*, aber nur durch einen Vermittler, den Verfasser. Dieser jedoch kann niemals alle Fakten weitergeben – er trifft also eine Auswahl, bestimmt die Relevanz

seiner Fakten und, auch er selbst unterliegt dem Zeitgeist. Da auch die Bearbeitungen dieses ursprünglichen Werkes wiederum der Interpretation des Zeit- und Machtgeistes der jeweils herrschenden Klasse unterliegen, bleiben und überkommen uns oftmals nur die Fakten. Doch sogar diese sind, wie uns die Nachfolger des Pharao Echnaton, Julius Cäsar oder auch unsere heutigen östlichen und westlichen Geschichtsbücher zeigen, manipulierbar. Immer bestimmt der Sieger oder die in ihrer Zeit dominante Macht die Geschichtsschreibung.
Die *story* kann uns also niemals reines Wissen vermitteln.

Die zweite Methode, Wissen weiterzugeben, zu bewahren und zu vermitteln, ist zwar weniger bekannt, doch haben sie alle Menschen schon auf unbewußte Weise erfahren. In Form von Farb-, Zeichen- und Zahlensymbolik in Gleichnissen, Märchen und esoterischen Schriften.
Es ist kein Zufall, daß Kinder aus der Vielzahl von Märchen und Sagen diejenigen mit hohem Symbolgehalt erkennen. Durch ihre Unberührtheit können sie die Botschaft hinter der Märchengeschichte fühlen und sie von kommerziellen Machwerken ohne Inhalt unterscheiden.

Wissende wurden auch in ihrer Zeit kaum umfassend verstanden (Jesus mußte seinen Jüngern immer wieder *alles* neu erklären, weil sie ihn nicht wahrhaftig verstanden). Da Wissende nicht nur durch ihre Worte, sondern auch durch die Art und Weise ihrer Handlungen Menschen berührten, wurden die auffälligsten Handlungen weitergegeben und in symbolischer Form bewahrt.
Wird diese Form nur formal nachgelebt oder *nachgebetet*, so bleibt sie im Kern unverstanden. Jesus verlangt deshalb,

daß man ihm nachfolgt. Nur wer die symbolischen Handlungen mit gelebtem Inhalt füllt, kann wieder – wie ein Kind – das Himmelreich erfahren.

Wahres Wissen wird in symbolischer Form erkannt und wahrgenommen, weil das, wofür das Symbol steht, im Menschen bereits vorliegt, nur eben unbewußt, noch nicht an der Oberfläche. Es wird also erkannt, weil wir es kennen. Das Innere ist esoterisch.
Das Äußere ist stets politisch, exoterisch, gefärbt.

*

Wie und in welcher Weise uns die drei oben bezeichneten Farben ansprechen, zeigt letztendlich ein Vergleich mit den pastellenen Farbtönen der Telecom-Telephonzellen.

Historische Fakten und ideologische Inhalte wurden über die Jahrhunderte hinweg oftmals verfärbt. Die symbolischen Inhalte und Farben blieben.

DER KETZER
und weshalb Gott sich in ihm offenbart

Das christliche Keuschheitsopfer besteht darin, keusch zu bleiben.
Das entgegengesetzte ist das dionysische Keuschheitsopfer. Es besteht darin, den Kelch des Eros bis zur Neige zu leeren.

Re-ligio bedeutet **Zurück-binden**.
Sünde kommt von **sondern**.
Sondern bedeutet **Trennen**.

Der normale, sprich normgläubige Christ bedauert diese Sonderung und Trennung. Er wäre lieber im Paradies geblieben und tut alles, um nicht noch tiefer in die Sünde zu geraten. Er erstrebt – um Himmels Willen – unsündig zu bleiben. Daher die Unfallversicherungsbitte: „Führe uns nicht in Versuchung" (Anders hingegen Jesus. Er ging in die Wüste, um sich der Versuchung auszusetzen).
Jeder Schritt in dieser Welt bedeutet die Möglichkeit eines Fehl-Tritts. **Der orthodoxe Gläubige ist also statisch.** Er möchte nicht gehen, sich nicht bewegen.

Der Ketzer ist dynamisch. Wie der heilige Augustinus ein fideler Vagabund, ein Suchender, ein Unruhiger und auch ein Unruhestifter. Während der Religiöse bei Gott bleibt oder zu Gott geht, geht der Ketzer mit Gott, ohne Gott (wie Parsifal) oder von Gott weg.
Der Orthodoxe bezieht sich selbst in und bei allem auf Gott zurück und läßt jegliches Geschehen und jede Ver-

antwortung auf Gott rückbezogen sein. Der Ketzer wandert ‚ohne Gott zu lieben und damit mit Gott vorwärts. Man vergesse nicht! Gott zeigte sich erst durch ein Tun. Durch die Erschaffung der Welt und des Menschen. Wo er „nur" Gott wäre, wo er in der indifferenten Potenzfülle seiner All-Macht ruhte, bliebe er ein unzugängliches Gelände, in dem es für ihn kein Erleben gäbe. Erst in der Maske, dem Spiegel des Menschen, kann sich Gott auf die Welt einlassen, ja „will" er sich mit der Welt einlassen.

Gott wohnt im Menschen durch die Freiheit (die er selbst ist). **Die Freiheit ist aber real nicht vorhanden, wenn der Mensch sich nicht wagt.**
So stirbt beim angepaßten braven Gläubigen nicht nur die Freiheit durch Nichtgebrauch, sondern damit auch Gott.

Das ketzerische Weiheopfer besteht darin, alles Menschenmögliche, das dem jeweiligen Ich-bin gereicht wird, als den Kelch bis zur Neige zu trinken. Das ächtet ihn bei den Konformisten dieser Welt.
Und darum nennen sie ihn Ketzer.

Gott will im Ketzer wandern: Dies ist das Geheimnis seiner Auserwählung zur Ketzerschaft, und dies ist auch das Geheimnis von der Erleuchtung des schwarzen Schafes.
Denn nur wer dunkel war, kann er-hellt, er-leuchtet werden.

POLARITÄT
Das Weltengesetz

Obgleich sich dieses Wort verdächtig nach einem Titel der modernen Kunst, in der Art von Fluktion 34 und dgl. anhören mag, so ist die Polarität doch ein Thema, das alle Menschen betrifft.

Alles Lebende und Tote in unserer Welt untersteht dem Gesetz der Polarität.
Gut und böse, Licht und Dunkel, Leben und Tod, süß und sauer, lang und kurz, schön und häßlich, Plus und Minus, Mann und Frau.
Diese Gegensätze sind ihrer Natur nach identisch und gehören zusammen. Eines bedingt immer das andere.
Nur wer etwas Schönes, Großes, Helles je gesehen hat, kann etwas anderes häßlich, klein und dunkel nennen.
Ein Pluspol für sich alleine ist kein Pol. Er bewirkt nichts.
Ein Minuspol allein bewirkt nichts.

Nur wenn beide Pole vorhanden sind, kann in ihrem Spannungsfeld Strom fließen oder Magnetismus entstehen.
Nehme ich einen Pol weg, so entferne ich damit auch den anderen!

Nur im Spannungsfeld der Gegensätze kann der Mensch seinen Weg erleben. Nur wenn ich ausatme, kann ich auch wieder einatmen. Nur wenn ich das Leid akzeptiere, kann ich zum Gegenpol, zum Glück gelangen.
Beide sind letztendlich gleich. Denn das Leid sorgt dafür, daß der Mensch nicht stillsteht und seine Suche nicht auf-

gibt. Das Leid also weist den Weg. Der Weg führt zur Erfüllung. Die Erfüllung ist Glück. Dieses geht über in Blindheit und führt somit wieder zum Leid.

In den alten Worten begegnet uns diese Polarität noch erkennbar. Luzifer, der Teufel, heißt übersetzt der Lichtbringer; pharmakon bedeutet sowohl Gift als auch Heilmittel; stumm und Stimme haben denselben Wortstamm, aber auch clamare = schreien und clam = still.

Etwas zu sagen, zu fühlen, zu glauben, erfordert, die jeweilige andere Seite, den anderen Pol zu kennen.
Dies möchten die meisten Menschen vermeiden und beschäftigen sich gerade deshalb mit dem, was sie nicht wollen.
Weshalb gerade *ich,* und warum geschieht immer *mir* so etwas?, ächzt dann manch einer und nähert sich durch diese unbewußt gesuchten Erlebnisse dem abgelehnten Prinzip.
Gerade die Ablehnung sorgt dafür, daß der Betroffene dieses Prinzip leben wird.
So *kämpfen* Kriegsgegner für den Frieden, Moralisten werden ausschweifend, und Ordnungshüter nähern sich im Kampf gegen Kriminelle dem Kriminellen an.
Anstatt unseren Schatten anzusehen, suchen manche von uns Partner, welche diese von uns ungeliebten Eigenschaften leben. Erst lieben wir sie für dieses Anders-sein, später werden wir ent-täuscht und sehen den Partner ohne Täuschung wie er immer schon war.

Unsere dunklen Seiten wollen wir nicht sehen, aber wie in Hofmannsthals „Die Frau ohne Schatten" sind auch wir ohne unseren Schatten keine ganzheitlichen Wesen.

Beim Lesen, Hören, beim Betrachten von Bildern und Objekten werden Gefühle ausgelöst.
Und welcher Art diese Empfindungen auch sein mögen, alle sind richtig und alle sind gut, weil gerade sie es sind, die emporgekommen sind.
Das Empordringen der Schatten ins Licht.
Das Betrachten der Schatten im Licht.

ÜBER SIEBEN BÄUME

KIRSCHBAUM
Prunus avium L.
Der Kirschbaum ist dem weiblichen Prinzip zugeordnet. Er ist nicht selbstbefruchtend. Kirschen werden oftmals von Füchsen aufgenommen. Die Kerne werden mit dem Kot ausgeschieden und beginnen in seiner Zersetzungswärme auszutreiben. Füchse tragen auf diese (beschissene) Weise mehr zur Verbreitung der Kirschbäume bei als manch ein Umweltminster im Lande.
In alten Legenden sind es Elfen (urspr. Alben), welche im Mondlicht um Kirschbäume tanzen und die Seelen der Menschen stehlen.
Wer bei Regen ein Lagerfeuer anzünden möchte, nehme dazu Kirschbaumrinde zu Hilfe. Sie brennt, ebenso wie Birkenrinde, aufgrund des hohen Teeranteils auch im grünen feuchten Zustand.

NUßAUM
Juglans regia L.
Der Nußbaum ist ein Tiefwurzler. Schon ein kleiner Austrieb von 3o cm hat eine karottenförmige Wurzel von gleicher Länge. Die im Verhältnis zum Baum sehr große Wurzel ist also schwer auszugraben. Dies erklärt den hohen (wirtschaftlichen) Wert. Nußwurzelholz wird deshalb fast nur als Furnier angeboten. Das Holz ist leicht zu bearbeiten, riecht aber muffig. Im deutschen Historismus war Nußwurzelfurnier im Möbelbau (unter anderem für Vertikos, Kleiderschränke und Schreibtische) sehr beliebt.

Wer einen Nußbaum kennt, kann beobachten, daß sich unter seiner Krone keine Insekten aufhalten. Im Bereich seiner fallenden Blätter tötet er über die Jahre auch alle anderen Pflanzen ab. Wer auf Insekten und Insektenspray verzichten möchte, der möge Walnußblätter oder die grüne Hülle der Früchte auf Schränke oder Fensterbretter legen. Kleinkinder sollten zum Schlafen nicht unter einen Nußbaum gelegt werden!
Zugeordnet ist er dem männlichen Prinzip.

Europäische LÄRCHE
Larix decidua Mill.
Lärchenholz hat einen wunderbaren Duft. Der typische Holzgeruch, der über alpinen Sägewerken liegt, stammt von der Lärche (der leicht säuerliche Geruch in Flachlandsägewerken kommt von der Eiche). Lärchenholz ist sehr witterungsbeständig (auch ohne Druckimprägnierung) und dem männlichen Prinzip zugeordnet.
Aus Lärche werden unter anderem Schindeln und Zaunpfähle gefertigt.

Wenig bekannt sind ihre schönen violettroten Blüten, die von März bis Mai zu sehen sind. Im Herbst färben sich die Nadeln goldgelb. Dies ist die Farbe und die Zeit des Heimwehs.

> Woach san deine nodln
> vea hoart is und schmeckt di weat frei

Weich sind Deine Nadeln Wer verhärtet ist und Dich riecht, wird frei.

India
wohnan dia woidfeen
unta dia
is a frische rua
koane fliagn koane muckn
koa g'summs
wia is gred von da muatta
imma um di umma

In Dir wohnen Waldfeen. Unter Dir ist eine erfrischende Ruhe; keine Fliegen, keine Mücken, kein Gejammer, wie das Gerede der Mutter – immer um Dich herum.

Unta dia is a selene stü
weil´d woidfeen in dia wohnan
Unta ana großn lärchn
ku ma di madelen liam
und neamand kuu's segn

Unta ana Lärchn
seïn madlen beiliagn is schen

Unter Dir ist eine bestimmte Stille, weil die Waldfeen in Dir wohnen. Unter einer großen Lärche kann man Mädchen lieben und niemand kann es sehen.
Unter einer Lärche seinem Mädchen Beiliegen ist schön.

SILBERWEIDE
Salix alba L.
Die keltischen Druiden feierten das Fest der Wiedergeburt der Natur zur Zeit der Weidenblüte. Sie steckten Weiden-

zweige in die Erde, um die Fruchtbarkeit der Felder zu erhalten. Wer ein Grundstück hat und es nicht mit imprägnierten vorgefertigten Zaunelementen umgeben will, andererseits aber nicht dem Koniferen-Konformismus anhängt, der stecke einige Zweige von Weiden in die Erde und verflechte sie lose miteinander. Dazwischen gesetzte Brombeerstöcke ersetzten jeden Wachhund und versüßen die jährliche Flechtarbeit mit Früchten.
Die dem Weiblichen zugeordnete Weide gilt als Symbol der Trauer und des Todes, aber auch der Wiedergeburt.

>   Weiblicha weidnbaam
>   am weiblichn wossa
>   mit hängenden ormen
>   zum umhüln
>   wir-a muata
>   owa a
>   zum festhotn
>   zum faungan zum ned weglossn
>   wir'a muata

Weiblicher Weidenbaum am weiblichen Wasser, mit hängenden Armen zum Umhüllen; wie eine Mutter; aber auch zum Festhalten, zum Fangen, zum Nicht-Weglassen;
Wie eine Mutter.

>   An deïn staum glant
>   gschiarmt durch dein parawaun aus äst
>   siacht ma nix von da besn wöd
>   siacht ma owa a nix vom lebn ausahoib
>   wia bei da umormung ana muata
>   Sias is dei blattlsoft

>   voll mit leis und aumasn
>   dia krabbln und saugn an dia
>   wia an ana muata
>
>   Unta dia ku ma mit koan diandl liabn

An Deinen Stamm gelehnt, abgeschirmt durch Deinen Paravent aus Ästen, sieht man nichts von der bösen Welt, sieht man aber auch nichts vom Leben außerhalb. Wie bei der Umarmung einer Mutter. Süß ist der Saft Deiner Blätter; voll mit Läusen und Ameisen, die krabbeln und saugen an Dir, wie an einer Mutter.
Unter Dir kann man kein Mädchen lieben.

>   Wiast ogschnittn kemmand neiche trieb
>   neiche tentakl
>   zum pockn und klauman
>   und nedauslosn wia bei ana muata
>   ned zum umbringan
>
>   weidnbaam
>   bist a fruchtborkeitsbaam
>   Owa zum befruchtun
>   meï diandl und i
>   gemma in´d lärchn

Wirst Du abgeschnitten, kommen neue Triebe, neue Tentakel, zum Packen und Klammern und Nichtauslassen. Wie eine Mutter; nicht zum Umbringen. Weidenbaum, Du bist ein Fruchtbarkeitsbaum, aber zum Befruchten, mein Mädchen und ich, gehen wir in die Lärchen.

EICHE
Quercus robus L. (Stieleiche)

Die Eiche galt Kelten, Germanen und Römern als heilig. Unter und in ihrer Krone wurde, wie auch unter Lindenbäumen, Gericht gehalten und Urteile vollstreckt. Die Eiche ist dem Mann und der Ausdauer zugeordnet. Nach dem Lärchenholz ist es das widerstandsfähigste unter den europäischen Hölzern.

Im Wasser ist Eiche unbegrenzt haltbar (Venedig steht auf Lärche und Eiche) und wird nach einiger Zeit schwarz. Die Mooreiche ist also keine eigene Baumart, sondern Eichenholz, das längere Zeit im Moor lag. Beim Hobeln verströmt Eichenholz einen säuerlichen Geruch.

Die Eicheln der Stieleiche sitzen an einem 3-1o cm langen Stiel (Name und Unterscheidungsmerkmal).

>
> oita germanenbaam
> oita keltnbaam
> Oachn
> oita römabaam
> oita grichtsbaam

> wea kennt di no in oita stärkn
> in oita kroft
> großmächtig deine tausnd finga
> in hümmi naufgstreckt

> zu funia homms di gschält
> fia deitsche schrenk
> und deitsche truchn
> auf oid beizt
> im vuazimmer

as telephonoblog

oama baam
Traubneichn,
Stüeichn, Flaumeichn
Zereichn, Korkeichn, Staeichn
und Roteichn, Schorlocheichn
Sumpfeichn, Persische, Ungarische
Oachn
as funiarts telephonboad
im vuazimma

Alter Baum der Germanen, alter Baum der Kelten, Eiche, alter Römerbaum, alter Gerichtsbaum.
Wer kennt Dich noch in alter Stärke, in alter Kraft?
Großmächtig Deine tausend Finger streckst Du gegen den Himmel. Zu Furnier haben sie Dich geschält; für deutsche Schränke und Truhen, auf alt gebeizt. Im Vorzimmer, als Telephonablage. Armer Baum.
Traubeneiche, Stiehleiche, Flaumeiche, Zerreiche, Korkeiche, Steineiche, Roteiche, Scharlacheiche und Sumpfeiche; Persische, Ungarische Eiche als furniertes Telephonbord, im Flur.

OPFIBAAM deïne frücht wean mit weiblichn wossa aufblaht, bist nua mea noch zuckawossa schmeckst. Mit dera EU moßbandln gmessn und in wochs eitaucht, daß ma pickal auipickn kuu, dast wos gleichschaugst. Schaugst a gleich aus, oana wia da aundre. Trotzdem sui´ma hoascht in di neïbeisn, sogt´i weabung.
I mog owa neamma.

APFELBAUM für deutsche Staatsbürger

Seine wirtschaftlichen Nutzobjekte werden durch eine gezielte Auswahlzüchtung, welche der Optimierung des Optischen dient, solcherart veredelt, daß dieselben im Geschmack sich angleichen dem Geschmack von Wasser, welches vermengt wurde mit Zucker. Zur Vereinfachung des Verpackungsaufkommens wird die Größe in EU-Verordnungen geordnet.

Das Aussehen des Nutzobjektes „Apfel" soll jedem anderen Nutzobjekt „Apfel" völlig gleichen. Zur Vervollkommnung des Optischen wird eine Wachsschicht aufgetragen.

Die Werbung empfiehlt als Beweisführung des Besitzes eines kräftigen Gebisses, in eines der genannten Nutzobjekte, insbesondere in grünfarbige, kräftig hineinzubeißen. Durch die besondere Zuckerwasserbeschaffenheit des Inneren ist dies auch mit schadhaften und dritten Zähnen möglich.

HOLUNDER
Sambucus nigra.
Im Volksglauben wurde dem Holunderbaum die Fähigkeit zugeschrieben, die bösen Geister anzuziehen und zu binden. Aus diesem Grund galt die Regel, daß ein Holunderbaum niemals böswillig umgeschnitten und sein Holz nicht verbrannt werden durfte, weil dies die negativen Kräfte freigesetzt hätte.

Holunderblätter und Holzstücke in Wühlmausgänge gesteckt, vertreiben diese, da die Mäuse den starken Geruch des Holunders nicht mögen.

Holunda
ziachst di geista åu

di guatn
di schlechtn
di geista von´d totn
deï si ned lösn megn
von da wöd
hoitst si
in deïn saugendn mork
und riachst a danoch

in jedm bauanhof woast du
da hausbaum
wea deï huiz vabrennt
setzt di eïgsparrtn geista frei
und foid aunheim
deïm bösn

Holunder, Du ziehst die Geister an. Die Guten, die Bösen. Die Geister der Toten, welche sich nicht lösen wollen von der Welt. Du hältst sie in Deinem saugenden Mark, und danach riechst Du auch.

In jedem Bauernhof warst Du der Hausbaum. Wer Dein Holz verbrennt, setzt die eingesperrten Geister frei und fällt anheim dem Bösen.

1, 2, 3, 4, 5, 6, 7
SYMBOLZAHLEN

In den alten Lehren der Astrologie, der jüdischen Kabbala und den beiden Flügeln des I Ging-Kanons wird zwischen den gewöhnlichen arithmetischen Zahlen als quantitative Größe und der Zahl als qualitative Größe unterschieden.

Die **1** ist der Ursprung. Das Ich, das Eine, Zentrum, Eins-Sein, der Punkt.

Die **2** ist das Andere, das Du, das Gegenüber, das Entzweien, gut und böse, minus und plus, Leben und Tod. Ist Gott und Teufel, lachen und weinen und alles auf dieser Erde, das sich in Polarität ausdrückt. Zwei ist die Sexualität, ist die Linie.

Die **3** ist die Trinität, der Vater, der Sohn und der Heilige Geist. Ist die Mystik, das Heilige, das Dreieck. Räumlich ist es Länge, Breite und Höhe, zeitlich ist es die Vergangenheit, Gegenwart und Zukunft, physikalisch erscheint sie fest, flüssig und gasförmig.
Die Drei ist die Synthese der Eins und Zwei.

Die **4** ist das Kreuz. Die zum Himmel weisende männliche (senkrechte) Linie kreuzt die weibliche (waagrechte) Linie der Erde im Kreuz des ewigen Widerspruchs, ⊕ dem Symbol unserer Erde.
Vier Eckpunkte, vier Jahreszeiten. Vier alte Erscheinungsformen der Materie in der Welt, nämlich Stein, Pflanze, Tier und Mensch. Der Vier zugeordnet sind der Planet

Mars, Aggression, Leistung, Aktion und Saturn, der durch
Begrenzung zur Verantwortung führt.
Vier ist die Familie und das Heim, das Quadrat.

Die 5 ist das rein Geistige, die quinta essentia. Fünf ist die
Magie, der Drudenfuß, das Pentagramm.
Sie ist die Verbindung, das Kind, welches aus der Zwei
und der Drei, aus Frau und Mann entsteht.

Die 6 ist die Harmonie von Geist und Stoff, ist der
Schneekristall, der Quarzkristall, die Bienenwabe, die Insektenaugen.
Sechs mal den Radius im Kreis aufgetragen ergibt das
Sechseck, das Schild Davids und die Hagalrune, welche
„ich hege das All" bedeutet.

Die 7 ist die Zahl der Zeitrhythmen. Sieben Tage sind ein
Viertel der Mondphase. Die sieben Planeten und die nach
ihnen benannten Wochentage. Sieben Sakramente, sieben
Erzengel, die sieben Regenbogenfarben und Sieben Freie
Künste.

Die Be-Deutung der Symbolzahlen geht weit über die hier
nur kurz und unvollständig angeführte Zuordnung und
Aufzählung hinaus. Zahlen er-zählen!

VOM SCHÖNEN TOD

Der weiße leopardentod

    Und fliegt mir auch der tod in süßen stürmen
    zu dir
    werd ich mich niemals fühlen
    wie löwe
    und gazelle
    sich
    im letzten kusse küssen müssen

Und wenn die leoparden mir mit ihren weißen scharfen
toden aus dem maul mir einen kleinen tod im halse ritzen
so lach ich lauthals bis die sonne mir ins gleise gelb zerinnt
Ich laß die sucht die in mir brennt zum Einen schmerz mir
werden der mich heilt Und wenn mein blut dann ihres ist
und meine knochen knirschen in ihren Mäulern und ein
sanftes schnurren werd wie ein kind ich kindlich staunen
und sie dafür lieben daß ihrer tod mir ist ein bild so schön

    in weiß und rot.

DIE WIESEN DES KÖNIGS

Es hat ein MOnd nur eine Nacht geküßt,
Der Tag war schwül, die Nacht war heiß.

Der alte König stirbt im Grase,
Wo seiner Rosse dampfende Gedärme stinken.
Verfault in Epauletten und Gerüst zum Prunk,
Liegt seine Garde tot in feuchten Wiesen.
Zur Sonne hoch die Butterblumen sprießen.
Die Rabenkrähen streiten um ihr Fest.
Es hat ein MOnd
                    nur eine Nacht geküßt,
Der Tag war schwül, die Nacht war heiß.

Die Rabenkrähen streiten um ihr Fest.
Andrach kaneka war ihr Hüter,
Der Krähen Windherr, stolz und alt,
Sah Zeiten gehn,
Sah Herzen töten,
Sieht einen alten König sterben zwischen seinen Rossen;
Und dampfende Gedärme stinken,
Butterblumen sprießen.

Es hat ein MOnd
Nur eine Nacht geküßt,
Die Nacht
War heiß, Der Tag war schwül.

Der alte König stirbt im Grase;
Sein letztes Denken ist: Ich will

Nur einem König sein zum Fraße,
Von gleicher Einsamkeit gefressen werden.
Er ruft mit seinem letzten Blick,
Der schwarzen Schergen König aus den Bergen

Der schwarze Windherr
Aus der Feste
Aus den Bergen
In schwarzem Flug
Sanft wie ein Tod,
Sinkt er zum Haupt des alten Herrn,
Hüpft sacht auf seine Brust und schaut
Dem König in die Augen,
Bis
    das Dazwischen sich gefüllt mit Wehmut, Weisheit,
Glauben.
Und Leere.

Der auf den König schaut,
Der Sturm Liebtöter, Herr der Rabenkrähen,
Windherr, Herr,
Hackt ihm voll Ehre
Zuerst die Nase weg.
Weich
Ist des Königs Nase
Und sie schmeckt.

Rosse dampfender Gedärme stinken.
Schergen fressen Schergen,
Könige; Könige.
Ein MOnd
Küßt eine Nacht.

Feuchte Wiesen unter den Bergen,
Butterblumen sprießen,
Auf feuchten Wiesen, dampfende Gedärme;
Pferdeleiber, eine Garde, Rabenkrähen, Butterblumen
Und zwei Könige.

Der Tag war schwül,
Die Nacht war heiß.
Es hat
Ein MOnd nur eine Nacht geküßt.

HANASTEIN

Grau steht das Licht im frühen Morgenwald
die Nebelfetzen hüllen harten Fels
die Dohlen ziehen einsam Kreis um Kreis
hoch im Gebirg' der kalte Tau sich trübt
im Nebel ist das Hexerlied
wenn zweien es dort treiben.

Und es klingt im Fels
und es tönt im Gestein
beim Hanastein
bei Hahn am Stein
am hochn Bearg
beid'd bloachn Gamsaboa
do sitzt a gocklhau am stoa

Ein Mädchen blaß
und ein Knabe bleich
auf Bergmoos
sie tanzen den Reigen
Fest halten an Händen
sie sich und
die Münder zum Kuß
gegeben
dann hin zu den gähnenden Wänden

Beim Hanastein
beim Hahn am Stein
komm Liebster komm
komm Liebste spring

das Glück ist groß
der Schmerz gering
komm Liebster komm
komm Liebster spring

am hochn Bearg,
beid'd bloachn Gamsaboa
do sitzt a gocklhau am stoa

komm Liebste komm
komm Liebste spring

da sind sie eins geworden

ANNA NETTE
Das Schwirren
der (Anna Elisabeth) Annette von Droste zu Hülshoff

Dein Mund ist ungeküßt von Lust und
ohne Lippen Dein erdiger Leib
Westfälisches Mädchen
Westfälische Maid
ohne Heiterkeit
gingst Du
heim

Dein Mund ist ungeküßt zu Grab gegangen
und ungekost blieb Deine Brust
die Lust
blieb Dir im Halse stecken, blieb gefangen,
gleich hinter schmalen Lippen – voll von Frust,
bliebst keusch Du, ohne das dies je von Dir ersehnt,
gewollt,
hast Du Dich selbst in Gott gefangen voll Entzücken,
gabst Du Dich hin in dichtendem Entrückt-Sein.
Du Deinem Gotte legtest Deine Sehnsucht vor den Thron,
Deine Liebe,
die doch Fleisch wollte,
    Haut, begehrende Finger,
Deinen Körper,
der doch stöhnen sollte,
    Wonne, sanfter Hauch,
gabst hin Du Deinem Gott,
der Deinen Körper nie verlangt, gewollt:
westfälische Jugendtage.

Die Brüste welkten ins Korsett,
die Schenkel blieben unberührt in braunen Röcken kleben;
Annette lag in keinem breiten Bett,
Annette blieb alleine liegen.

An Deiner *Judenbuche* Äste hingst Du selbst.
Ein Weib, Prometheus am Fels der Einsamkeit:
Der Leib zerstückelt Stück für Stück
Leiden, Wachsen, Zerfressen
Ein Leben,
das Krebs ist.

Hab´ Deinen Ruf nach Liebe und nach Lust gefühlt –
in jedem Wort nach Gott
ein Schrei nach Mensch!
Nach Menschenliebe!
                        die Gier
die *Deine*
      nicht als Wort gewagt zu denken;
nicht angedacht, nicht Tat;
verschobene Westfalentriebe.
Verdrängt aus einem Rock voll Muff,
mit einem süßen Spitzenkrägelchen zur Zier;
als wie ein Eimer voll Parfüm,
auf einem alten Leib, der ungewaschen stinkt nach Gier.
Hab´ Dich verachtet für Dein Frust-Gesicht.
Du Dichterdenkerin aus Heimatbüchern!
Du eingebildete, volksnahe Heilige,
arme Bauernkinder tätschelnd,
wie Abgehobene schon immer gern getan:
Die Fürsten früher aus den schönen Kutschen,
das Volk als winkende Staffag´ für Huld;

im Karneval aus hohen Wagen hohe Bürgerei
und Architekten, Ärzte,
die Bonbons werfen ...,
welche Kindermäuler sammeln; eifrig lutschen;
wie heute auch, wenn ein Herr Abgeordneter,
ein Kanzler kommt
– zu sagen dies, zu sagen das, zu sagen jenes –
durch ein Spalier von Wächtern kommt,
die ihn bewachen vor dem Volk,
für das er leibt und lebt;
er dorten auf der Bühne
gerne Blümchen nimmt von kleinen Kinderhänden,
dem Volk
zur Dummheit und
sich selbst zum Brett vor eig´nem Kopf.
Annette,
Du auch? Aus dem Fenster,
von oben herab
armen Kindern Märchen vorgelesen,
Mutter Theresa,
Selbstlose des Münsterlandes,
Kötterkindern, armen.
Mir wurde übel.

Hab´ Dich verachtet,
Frustgesicht,
schreibt über Leben, ohne Mut zu Leben,
Dich
verachtet
und verachtet,
bis das Achten im Verachten
hervorkam.

Nahe Verwandte.
Achten und Ver-Achten!

Hab´ Deinen Kummer dann geseh´n.
Nichts anderes gesehen, als ich vorher sah.
Hab´ nur den Blick verändert, nicht die Sicht.
Dein Leid mir neu geboren tief in mir
bis ich Annette war, die Nette;
ein Mückenschwirren
über einem Sommermoor.

Ein Amselzwitschern, das im Morgendunst die Welt
durchdringt;
Bist Du;
Ein kalter Sonnenstrahl
(um sieben oder acht)
vor einem heißen Tag;
Ein Mückenschwirren über Sommermoor;
Du bist ein Glockenschlag, von einer Kirche in der Ferne,
eins zwei drei fünf,
an einem trüben Tag voll Herbst – im Wald
mit blauen Beeren schaurig durch den Nebel, mahnend
den Tod.
Ein Blick aus einem Fenster in den Winter,
wenn alles Stille ist – vom Schnee –
beschämt der Lärm, die Welt.
Dein Blick nichts sehen kann,
nicht Menschen, Wiesen, Bäume, nichts.
Zu Dir alleine kehrt Dein Blick zurück
und ohne daß er je in etwas andres gehen konnte,
ist dieser ungeworf´ne Blick ins Leere
Leben

Deines:
Ein Fenster,
eine Frau, die sitzt und schaut
und Alles ist:

früher einsam,
nun, alleine:
all eine – eine im All.

Eins mit dem All,
bist Du Annette,
im Leben und im Tod,
ein Mückenschwirren
über einem Sommermoor.

Das Lied vom Embryo-Stier

Es war einmal ein Embryostier,
der dachte sich im Mamabauch –
was wird nun eigentlich aus mir?

Vielleicht ein Stier in Hispaniol? (... ♫♪♫ Flamenco)
Wo die Damentüchlein winken,
die nach tausend Toden stinken –
Wo die Glorie im Kampf
sich verreckt im Todeskrampf.

Oder in Amerika ? (... ♪♫♫♫♪ Blues)
Modernste Technik ... (zupf, klimper)
ham die da.
Die Sonne nie durchs Fenster schaut –
Und,
übers Heu wacht der Computer:
MENSCHENFUTTER

Vielleicht ein Stier im Zillertal ... (♪♪♪ Stubnmusik)
Auf Sommerpisten,
öd´ und kahl,
Hör´ ich nur deutschen Dialekt,
Was selbst den stärksten Stier erschreckt.

Da bleib´ ich lieber Embryo
und bin mein ganzes Leben froh.
So dacht´ er sich
und schaukelt munter,
im Mamibauchi rauf und runter.

Jedoch nicht lange bleibt er froh,
das Unglück nahet ebenso.
Die Situation wird sehr prekär,
es naht der Vieharzt veterinär.

Die Kuh wird, weil sie nicht gebiert
und weil sie sonst noch dran krepiert,
in eine Fleischfabrik gebracht,
wo man sich ihr ans Leben macht.

Ganz kurz nur ist der Muhkuh Leiden;
das Kindchen darf bei ihr nun bleiben,

für immerdar bei seiner Mama,
in Dosen abgefüllt, oh Jammer,

als Hundefutter im Diskount,
zu Preisen, die das Kaufen lohnt.

Doch denke dran, kauf immer Zwei!
auf daß das Baby bei der Mama sei!

ZEIT FÜR LIEBE

Fliegen sind leicht zu erschlagen, wenn sie
aufeinandersitzen und kopulieren.
Dann bemerken sie den Handfeger nicht,
den todbringenden.

Ich warte aber immer, bis sie ihre Liebschaft beenden.
Zufrieden putzen sie sich dann
und sitzen zwei centimeter voneinander getrennt.

Dann erst erschlage ich sie.

Immer zusammen.

Impression in der Werkstatt beim Bildhauen
der Skulpur *Ein Mädchen in Kenya*.

SCHATTNACHT

Schwarze Nächte
Schwarze Lichter
Schwarze Sonnen
Schwarzer Mond

Schwarze Seelen
Rote Raben
Rote Worte
Weißer Tod

Heimaterde

ANSTATT EINER DANKSAGUNG
Ein Nachwort über das Widmen und Danken

Manchmal findet sich auf den ersten Seiten eines Buches, noch vor Beginn der Handlung, eine Widmung.
Für Sophie, für Hannah, für Birgit S.
Besonders gerne, so scheint uns, tun dies Autoren in ihrem ersten Buch. Wir nicht – so dachte ich– etwas herablassend *, denn wie sollte etwas Gedachtes einem anderen gewidmet werden. Kann man das denn überhaupt?
Da das Denken von alleine geschieht, hieße dies, etwas zu widmen, was man nicht bewußt verursacht hat, ja nicht einmal beeinflussen konnte. Bestenfalls kann der Schriftsteller von den vielen Gedanken, welche er – wie andere Menschen auch – hat, einige geeignete auswählen, um daraus ein Buch zu machen.
Da es kaum vorstellbar ist, daß ein Schriftsteller so oberflächlich ist, etwas zufällig Gedachtes (und alles Denken fällt einem zu), welches weder Mühen noch Kosten machte, *verwidmet*, kann wohl nur die reine Arbeit des Schreibens, des Zusammenfügens der Gedanken und/oder des Korrigierens udgl. als Widmung gemeint sein.
(Man stelle sich ähnliches in der Fahrzeugindustrie oder der Behörde vor. Diesen Beifahrersitzeinbau widme ich Aischa. Diesen Steuerbescheid widme ich Klaus aus L., oder dieses Todesurteil widme ich George Bush.)
Auch fragen wir uns: Wer ist Sophie, und weiß Sophie auch, daß ihr das betreffende Werk gewidmet wurde, und wenn ja, weshalb reicht ihr der persönliche Dank nicht?

---

* Trotz Verwendung des pluralis majestatis, denken wir weiterhin in der Einzahl.

Ist Sophie so undankbar? Muß sie alles schwarz auf weiß haben? Weshalb ist da nicht wenigstens ein Photo neben der Widmung, damit ich, der Buchkäufer und solcherart auch Widmungsmitfinanzierer, mir wenigstens ein Bild von der Widmungsbedachten machen kann.

Wir selbst, so gestehen wir, haben dieses Buch nur für uns geschrieben. Wir schrieben dieses Buch, weil die Gedanken aus uns herauskamen. Hätten wir sie nicht niedergeschrieben, hätten wir sie wieder in uns hineinfressen müssen. Unverdaut. Nahe am Rande eines Magengeschwüres.
Schreiben aus Gesundheitsgründen. Gewidmet der Künstlerkrankenkasse Oldenburg-Bremen.

Meist ist die Widmung nahestehenden Menschen, Geliebten, Kindern oder Eltern vorbehalten und auf zwei, drei Namen beschränkt.
Etwas anders verhält es sich mit der Danksagung. Wobei sich gerade beim Danken für den Danksager gefährliche Abgründe auftun. Denn wehe, er vergißt einen, dem er eigentlich zu Dank verpflichtet wäre. Wo fängt es an, wo hört es auf?
Nordamerikanische Schriftsteller beugen dieser Gefahr trickreich vor, indem sie jedem Menschen, mit welchem sie seit ihrer College-Zeit mehr als ein How-do-you-do gewechselt haben, danken.
Solche Danksagungsbüchlein werden dem zu Dankenden natürlich vorgelegt und auf die Danksagung hingewiesen. Da der Bedankte seinen Namen in einem Buch gedruckt sieht, wird er es natürlich kaufen und – unabhängig vom Inhalt – auch weiterempfehlen. Denn da der Bedankte

selbst meist noch kein Buch geschrieben hat, so ermöglicht ihm die Erwähnung seines Namens in einem Buch, sich wichtig zu fühlen.
Weil aber die meisten Menschen gerne *sehr* wichtig sind und sich der Wert einer Erwähnung in einem Buch proportional zur Wichtigkeit und Bekanntheit des Autors verhält, wird dem Bedankten an der Wichtigkeit und dem Bekanntheitsgrad des Verfassers sehr gelegen sein.
Mit einer Danksagung macht der Autor also mühelos seine Sache zur Sache des Bedankten. Kostenlos und hoch motiviert wird dieser in seinem Arbeits- und Bekanntenkreis ein Hohelied des Autors singen. Immer mit dem kleinen: „Gucken Sie mal unter den Danksagungen! Da stehe ich auch drin!" als Refrain. Mit ein wenig Glück wird der Autor auf diese Weise tatsächlich wichtig. Auf jeden Fall aber fördert der Dank die Verkaufszahlen.
Wie oben ausgeführt, ist eine Danksagung im Verhältnis zu ihrer Arbeit für den Schriftsteller also immer rentabel. Danken tut außerdem gut und hat noch nie geschadet.

Abschließend sei noch auf einen angenehmen Nebeneffekt der Danksagung hingewiesen: der Umkehrung der Schuld. Meist (aber nicht immer) steht der Dankende in der Schuld des zu Bedankenden. Wäre er dies nicht, würde er ihm ja nicht danken wollen oder müssen. Der Autor hat also Hilfe erfahren: in Form von Material, Geld oder Zeitaufwand (Diskussionen, aufpäppelndem Zuspruch, Korrekturarbeiten, Bibliotheken durchstöbern, zuhören und dergleichen mehr). Mit dem Dank des Autors und der Erwähnung in einem Buch kehrt sich die Schuldfrage schlagartig um, und der Bedankte steht für die nächsten Jahre in der Schuld des Danksagers. Zwar wäre *die Schuld* mit der erwähnten Danksagung eigentlich beglichen – sowohl de jure als auch zwischenmenschlich – gefühlsmäßig aber wird die Erwähnung in einem Buch höher bewertet als alle oben erwähnten Hilfestellungen, welche nicht unerheblich dazu beitrugen, es überhaupt erst zum Buch werden zu lassen.

Doch dies war vor dem Buch. Jetzt ist es *herausgekommen*. Jetzt steht der Dank schwarz auf weiß. Jetzt gibt es kein Entkommen mehr; außer, der Bedankte schriebe selbst ein Buch und dankte retour.

Trotz aller erwähnten positiven Wirkungen der Danksagung sei vor übermäßiger und somit inflationärer Verwendung derselben eindringlich gewarnt, denn welcher Bedankte möchte seinen (ihm wichtigen) Namen unter sechzig (ihm unwichtigen) anderen suchen müssen? **

Sollte dies fahrlässigerweise doch geschehen sein, so muß der Autor den Bedankten glaubwürdig versichern, daß er sich bei allen anderen nur der Form halber bedankte – ja, *bedanken mußte* – aber bei *ihm* sei es wahrlich von Herzen

---

** (z.B.: Danke Martin, Hannah, Erwin, Schwester Maria Salvatora, Schwester Maria Barbara, Schwester Maria Agatha, Frau Esther, Birgitt H., Hauber Hansi und Christl Hubeny, Anne und Roman, Weidner Günter und Annemarie, Birgit S., Ursula F., Claudia M., Denisse S., Dita, Geggi D., Gabi, Susi und natürlich Babsi, Sieglinde, Regina, Silvia, Franziska, Patricia, Martina O. und Martina, Andrea O. und Andrea, Doris W., Erica S., Erika W., E.Pluhar, Max & Gabi, Ursula S., Günther Hanisch, Guido Froese, Krishan, R. Sprokmann, Ernie, Bruder Bernhard, Hans-J. Wechselberger, Gregor, Alexandra, Do Thi Mong Nga, José, Frau Wolborn, Melanie, E. Niermann, Dominique Vierne, Abdulkadir Yesilyaprak, Jule Wolf, Herr Mandel, Brüder der drey Balken, R. Ehrlich, Josef, Peter, Richard S., Dieter Hildebrandt, Roger Willemsen, Onkel Franz und Tante Gertrud, Onkel Bumsti, Ringhofer Michl, Ruth, Kathrin Bensmann, Antonio Dos Reïs, und du, du namenlose Gendarmentochter der Nacht.)

gekommen. Klugerweise und um die Glaubwürdigkeit zu erhöhen, sollte dieser Hinweis schon vor Erscheinen des Buches angebracht werden.
Aus den oben angeführten Gründen lehnen wir die Widmung und Danksagung natürlich, selbstverständlich und aus tiefer innerer Überzeugung ab.
Aufgrund dieser Ablehnung haben wir aber leider ein unerwartetes Problem.
Hatten wir doch vor, unserer Mutter Anna Maria Leidl für ihre unzähligen Care-Pakete, welche uns, vollgestopft mit Mannerschnitten, Brot vom Hauber Hansi, Geselchtem, Saurer Milch, Mauthner-Markhoff-Essig, Latella und anderen österreichischen Köstlichkeiten, welche unabdingbar sind zum Wohlfühlen jenseits des Kümmelbrotlandes Tirol, monatlich erreichten, zu danken.
Darauf müssen wir als auch unsere pluralisch majestatische Mutter nun konsequenterweise leider verzichten.

Solcherweise müssen wir leider auch verzichten, *der* Frau zu danken, welche uns in unserer Kufsteiner Sturm- und Drangzeit in manchen Liebesbekümmernissen und Fährnissen unseres jungen Lebens eine treue (wenn auch manchmal unangenehm kritische) Freundin war und uns auf unserem Lebensweg uneigennützig und mit großem persönlichen Einsatz begleitete.
Deshalb fällt es uns schwer, Krista Schwab, der hellgrauen Eminenz und hohen Frau der Gruppe Wühlmäuse hier nicht danken zu können, respektive, selbstauferlegterweise, nicht zu dürfen.

Gerne auch hätten wir unseren Sohn Rabanus Yaemon Pankratius Gandolf Albuin Christian Raphael Adrian mit

lieben Worten bedacht. Sein Lachen ist uns ein tägliches Geschenk, und seine glitzernden Augen blicken voll Liebe und Achtung in die Welt.
Frau Christina Haak aber hätte unser größter Dank gebührt. War und ist sie mit uns doch auf vielen Wegen, auch verschlungenen und dunklen, voll Vertrauen und Liebe gewandert.
Und obgleich den inneren Vorzügen üblicherweise der Vorzug gegeben werden soll, so hätte nicht unerwähnt bleiben dürfen, daß uns ihre Erscheinung stets wohlgefällig erfreute.

Durch unsere Ablehnung von Widmung und Danksagung wird dies alles aber ungesagt bleiben müssen.

Leider kann man liebenden Menschen nicht für ihre Liebe danken. Denn wie wir wissen, Sie, der Leser und wir, der Autor, kann die Liebe nicht bewußt gegeben werden. Sie ist in einem Menschen, oder sie ist nicht in einem Menschen.
Sie kann nicht eingefordert werden (Liebe mich!!) und für das geliebtwerden kann deshalb logischerweise nicht gedankt werden (Danke, daß Du mich liebst!!).

Aber: Man kann, darf und sollte dankbar sein, wenn man geliebt wird.

Und dankbar, das sind wir.

Literaturhinweise

Bei der Zuordnung der aufgeführten Literatur konnten Überschneidungen nicht immer vermieden werden.
Als Beispiel sei hier Friedrich Weinrebs *Die Astrologie in der jüdischen Mystik* genannt. Der Titel verweist primär auf Astrosophie und Astrologie. Der Inhalt aber ist sowohl eine Einführung in die Esoterik und Mystik als auch eine verständliche Einführung in die Zahlensymbolik, und ist hier unter *Mystik und esoterische Einführungen* zu finden.
Dies betrifft auch die Werke von Thorwald Dethlefsen. Ihr reicher umfassender Inhalt läßt eine *einfache* Zuordnung nicht zu.

Technokratische Machtinstrumente, Standhaftigkeit und Widerstand

Fromm, Erich: Über den Ungehorsam, Stuttgart 1982

Gasset y Ortega, José: Der Mensch und die Leute, München 1961

Gasset y Ortega, José: Der Aufstand der Massen, Hamburg 1956

Canetti, Elias: Masse und Macht, Bd. 1, Regensburg 1976

Hacker, Friedrich: Materialien zum Thema Aggression, Wien

Reich, Wilhelm: Der Einbruch der sexuellen Zwangsmoral, Köln/Berlin 1972

Stoll, Clifford: Log out. Warum Computer nichts im Klassenzimmer zu suchen haben und andere High-Tech-Ketzereien. Frankfurt am Main 2oo1

Kafka, Franz: Der Prozeß, Frankfurt am Main 1958

Kafka, Franz: Das Schloß, Frankfurt am Main 1982

Orwell, George: 1984, Frankfurt a. M. - Berlin - Wien 1976

Huxley, Aldous: Schöne neue Welt, Frankfurt am Main 1984

Wells, George Herbert: Die Zeitmaschine, Hamburg 1956

Der utopische Staat. Morus, Campanella, Bacon: Philosophie des Humanismus und der Renaissaince Bd.3, Leck 1960

Becher, Ulrich: Der Bockerer, Hamburg 1981

Der Minister und der Terrorist. Gespräche zwischen Gerhart Baum und Horst Mahler, Spiegel-Buch, Hamburg 1980

Nestroy, Johann Nepomuk: Der böse Geist Lumpacivagabundus, Stuttgart 1955

Lenin, Wladimir Iljitsch: Briefe über die Taktik, Frankfurt/M. 1977

Skinner, Quentin: Machiavelli zur Einführung, Hamburg 1988

Mishima, Yukio: Zu einer Ethik der Tat, München/Wien 1987

Appel, Rolf und Oberheide, Jens: Was ist Freimaurerei, Bonn 1993

Menschliches Wachstum

Miller, Alice: Das Drama des begabten Kindes, Frankfurt am Main 1979

Liedloff, Jean: Auf der Suche nach dem verlorenen Glück, München 1980

Schnack, Dieter und Neutzling, Rainer: Kleine Helden in Not. Jungen auf der Suche nach Männlichkeit, Hamburg 1990

Bly, Robert: Eisenhans, ein Buch über Männer, München 1990

Wolf, Jule: Tochterfrau nannte er mich. Frankfurt am Main 1994

Fromm, Erich: Die Kunst des Liebens, Stuttgart 1980

Duerr, Hans Peter: Über die Grenzen zwischen Wildnis und Zivilisation, Frankfurt am Main 1983

Schmidbauer, Wolfgang: Die heimliche Liebe, Hamburg 2000

Castaneda, Carlos: Der Ring der Kraft, Frankfurt am Main 1976

Castaneda, Carlos: Reise nach Ixtland, Frankfurt am Main 1976

Dürckheim, Karlfried Graf: Der Alltag als Übung, Bern 1966

Dürckheim, Karlfried Graf: Erlebnis und Wandlung, Bern 1983

Suzuki, Shunryu: Zen-Geist, Anfänger-Geist, Zürich/München/Berlin 1975

Schnitzler, Arthur: Das dramatische Werk, das erzählerische Werk, Frankfurt am Main 1962

Doderer, Heimito von: Das letzte Abenteuer, Frankfurt am Main 1991

Mystik, Esoterische Einführungen

Weinreb, Friedrich: Die Astrologie in der jüdischen Mystik, München 1982

Fritsch, Herbert: Der große Holunderbaum. Einführung in die Esoterik, Göttingen 1996

Weinreb, Friedrich: Das Geheimnis der mystischen Rosen, Weiler im Allgäu 1983

I Ging. Das Buch der Wandlungen: Hrsg. Wilhelm Richard, München 1956

Dethlefsen, Thorwald: Schicksal als Chance, München 1979

Schwarzenau, Paul: Das Kreuz. Die Geheimlehre Jesu, Zürich 1990

Dethlefsen, Thorwald: Krankheit als Weg, München 1989

Dethlefsen, Thorwald: Das Leben nach dem Leben, München 1984

Meister Eckehart: Deutsche Predigten und Traktate. Hrsg. Josef Quint, Zürich 1979

Deutsche Mystik. Zürich 1989

Yi Jing. Hrsg. Rudolf Ritsema, Bern/München/Wien 2000

Dahlke, Rüdiger: Krankheit als Sprache der Seele, München 1992

Fritsch, Herbert: Kleines Lehrbuch der weißen Magie, Göttingen 1998

Astrosophie, Signaturenlehre und Zahlensymbolik

Schult, Arthur: Astrosophie als kosmische Signaturenlehre, 2 Bde., Bietigheim 1982

Weinreb, Friedrich: Zahl, Zeichen, Wort. Das symbolische Universum der Bibelsprache, Weiler im Allgäu 1986

Jung, C(arl) G(ustav): Gesammelte Werke. Bd.9/II. Aion. Untersuchungen zur Symbolgeschichte, Olten 1992

Dahlke, Rüdiger und Klein, Nicolaus: Das senkrechte Weltbild, München 1999[12]

Endres, Franz Carl und Schimmel, Annemarie: Das Mysterium der Zahlen, München 1984

Religion, Scholastik, Häresie

Das Neue Testament: Hrsg. im Auftrag der Bischöfe Deutschlands, Österreichs, der Schweiz, des Bischofs von Luxemburg und Lüttich, Stuttgart 1972

Ratzinger, Joseph, Kardinal: Vom Wiederauffinden der Mitte. Grundorientierung, Freiburg im Breisgau 1997

Nigg, Walter: Das Buch der Ketzer, Zürich 1986

Fromm, Erich: Das Christusdogma, München 1984

Psallite Domino: Hrsg. S.V.D., Brunn am Gebirge 1925

Orate fratres. Gebetbuch der Gesellschaft des Göttlichen Wortes, Kaldenkirchen 1932

Römisches Vesperbuch, mit Komplet: Hrsg. Abtei Grüssau, Regensburg 1932

Die Psalmen: Hrsg. im Auftrag der Bischöfe Deutschlands, Österreichs, der Schweiz, dem Bischof von Luxemburg, Lüttich, Bozen-Brixen, des Rates der Ev. Kirche in Deutschland und der Dt. Bibelgesellschaft, Stuttgart 1980

Bulst-Thiele, Marie Luise: Sacrae domus militae templi hierosolymitani magistri, Göttingen 1974

Müller, Hermann: Die Tempelritter. Hrsg. Ordo Militae Crucis Templi, Tempelherren-Orden Deutsches Priorat, Hamburg 1982

Roth, Hermann: Josef Bernhard von Clairvaux an die Tempelritter, Sinzig 1990

Institoris, Heinrich und Sprenger, Jacob: Der Hexenhammer. dt. Übersetzung, Berlin 1906

Lea, Henry Charles: Die Inquisition, Nördlingen 1985

Kalisch, Konrad: Inquisition, Berlin/Lichtenfelde 1940

Schimmelpfennig, Bernhard: Das Papsttum. Von der Antike bis zur Renaissance, Darmstadt 1984

Drewermann, Eugen: Kleriker. Psychogramm eines Ideals, Olten 1989

Schmid, Josef: Synopse der drei ersten Evangelien, mit Beifügung der Johannes-Parallelen, Regensburg 1971

Bieritz, Karl-Heinrich. Das Kirchenjahr, München 1987

Abbildungsverzeichnis

Vorblatt: DER STERN DER MERCEDES
Nußbaum-Wurzelholz, Blattgold, Emaille und gemeine Esche
27 x 13 x 13 cm, Jänner 1999

Rückblatt: RABANUS in HUGINs WALD
Holzschnitt in Zirbelkiefer,
Auflage 5 Exemplare, 21 x 9 cm, Spätherbst 1999

Ich wünsche mir Zeit die bleibt zwischen
2 Wartwegen und den Stegs Brettern
auf denen wir warten – ichtlos
gestossen im Wind – wie das Schilf
das uns umgibt – der träge Moment
Ich und du – wir sind Frau und
lippen an der Brust der anderen um
uns selbst zu schmecken du geiles
Biest – drückst die Hand so
leise gegen Schenkel, als ob die Zeit
ein Zeug wär. Haltlose Rastlosig
keit – Mit offenem Mund gießt du
deine Leidenschaft in voller Einsam
in den Raum. Du Mutige –
blickst dir selbst ins Gesicht
wenn wir träge singen.

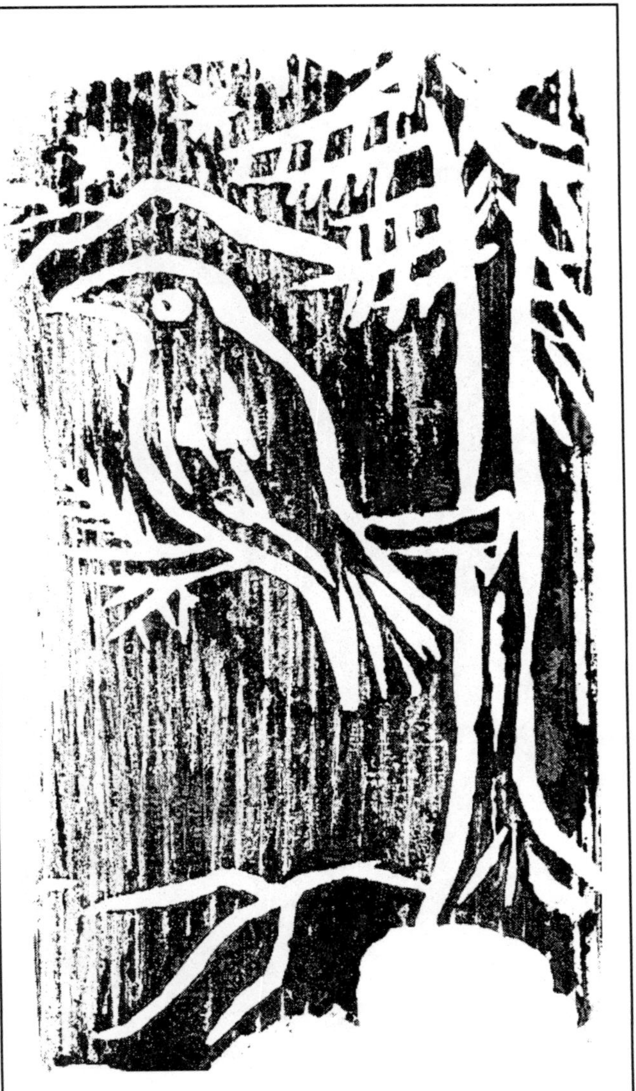